교황님 회칙
『모든 형제들』의 실천

서로와
모두를
위해

서로와 모두를 위해

2021년 7월 19일 교회인가
2021년 8월 23일 초판 1쇄 발행
2022년 10월 17일 초판 2쇄 발행
2024년 1월 2일 초판 3쇄 발행

지은이 | 오지섭·박재신
편집 | 이만옥
디자인 | 달바다 Design studio
펴낸이 | 이문수
펴낸곳 | 바오출판사

등록 | 2004년 1월 9일 제313-2004-000004호
주소 | 고양시 일산동구 일산로 205, 204-402
전화 | 031)819-3283 / 문서전송 02)6455-3283
전자우편 | baobooks@naver.com

ISBN 978-89-91428-32-4 03230

FRA TUTTI ELLI

한국 가톨릭 문화연구원 ❶

교황님 회칙
『모든 형제들』의 실천
Fratelli Tutti ───

서로와
모두를
위해

오지섭·박재신 지음

크고 작은 수많은 행동들이 시의 언어처럼

창의적으로 서로 연결되는 독특한 방식을

저버리지 않으면서 일어나야 합니다.

이런 의미에서 이와 같은 움직임은

그들만의 방식으로 활동하고 제안하고 촉진하고

해방시키는 '사회적 시인들'의 행동입니다.

『모든 형제들』 [169]

사회 변화는 보통 내부에서 시작됩니다. 내부에서 축적된 변화의 욕구들로 더 이상 견디기 힘들 때 외부로 표출됩니다. 그리고 외부로 나타난 변화는 저항을 통해 순화되고 조정되어 사회의 제도로서 자리 잡는 것이 일반적입니다. 그러나 꼭 그렇게 진행되는 것만은 아닙니다. 가끔은 변화를 희망하지만 그 욕구가 무르익기도 전에 피해갈 수 없는 외적 환경이 사회의 변화를 이끌어내기도 합니다. 오늘날 전 세계에서 휘몰아치고 있는 코로나 팬데믹이 바로 이러한 사례입니다.

팬데믹 시대, 곧 급격한 변화의 시대에는 '뉴노멀'이라는 새로운 문화와 기준이 형성될 때까지 많은 어려움이 따르기 마련입니다. 그러나 사회 전체를 조망하는 입장에서 보면 모든 변화는 문화로 귀결된다고 할 수 있습니다.

1985년 8월 김수환 추기경님의 후원으로 설립된 '한국가톨릭문화연구원'에서는 이 변화의 방향을 가늠해보고자 2020년 평화방송과 공동으로 〈팬데믹과 한국 가톨릭교회〉라는 주제로 심포지엄을 개최한 바 있습니다. 팬데믹 시대, 그리고 팬데믹 이후post-Pandemic 시대에 교회 역시 급격한 문화 변동을 체험하며 새로운 선교와 사목 패러다임의 필요성에 많이 공감하고 있습니다. 그러므로 정치, 경제, 문화, 사회 등 우리 삶의 모든 분야에서 일어나는 시대적 징표를 제대로 읽어내야 합니다. 우선적으로 이 작업은 교회의 여러 입장에서 시대적 징표를 살펴보고 하느님의 뜻을 찾아내는 일이 선행되어야 합니다. 그리고 이 시대에 그분의 뜻을 실현하기 위한 적합한 신앙실천의 방법론은 '새로운 복음화'와 '새로운 사목'의 실천이라고 생각합니다. 급격한 문화변동의 시대에 보다 구체적인 '새로운 복음화'는 '문화의 복음화'이고, '새로운 사목'은 '문화사목'이라 하겠습니다.

앞으로 '한국가톨릭문화연구원'은 성경, 신학, 철학, 윤리, 영성, 교회사 등 다양한 교회적 시각으로 사회 이슈를 해석하고 분석하여 신앙생활에 도움이 되고자 합니다. 물론 시중에 신앙생활에 도움이 되는 교회서적이 출판되고 있지만 대부분 영성 관련 서적일 뿐 급변하는 일상 문화 안에서 생활하는 신앙인들에게 각각의 문화사회적 현상에 대해 신학적·윤리적 반성과 의미를 제공하는 서적은 매우 드뭅니다. 교회 정신에 입각한 성찰과 반성이 존재할 때 비로소 신앙 실천이 구체화될 수 있습니다. 따라서 '한국가톨릭문화연구원'은 여러 신학자와 윤리신학자, 철학자와 사회학자, 때에 따라서는 인문학자들에게 의뢰하여 소책자 시리즈를 간행할 예정입니다.

누구나 어려움에 처했을 때는 자신의 정체성에 대해 생각하기 마련입니다. 곧 가톨릭 신자, 혹은 이 시대를 살아가는 사람으로서 나는 누구인가 하는 점입니다. 이 시리즈가 여러분에게 신앙과 사회를 다시 생각해볼 수 있는 좋은 기회가 되었으면 좋겠습니다.

2021년 7월
청숫골에서
김민수 이냐시오 신부

2020년 2월, 한국에 코로나19 감염이 대규모로 확산되면서
종교에 대한 사람들의 비난이 심해졌습니다. 일부 종교 단체
가 집단 감염의 원인이 되었고, 또 정부에서 제시하는 방역 수
칙에 반발하는 움직임을 보였기 때문입니다. 사실 사람들이
종교를 고운 시선으로 보지 않는 데에는 "도대체 종교가 무슨
의미가 있느냐"는 생각이 크게 작용합니다. 종교는 허황된 내
용으로 맹목적인 추종만 강요할 뿐 인간과 세상에 아무런 도
움을 주지 못하고 있다고 생각하기 때문입니다. 코로나19로
인한 혼란과 고통 극복을 위해 정부와 의료계 등이 희생적 헌
신을 하고 있는 상황에서 종교는 거의 아무런 역할과 공헌을
하지 못하고 있다는 판단이 깔려 있습니다.

　이러한 상황에서 종교 스스로 주력해야 할 초점은 '인간과

세상을 위해 종교가 무엇을 해야 하는가, 어떤 의미를 제공해야 하는가' 하는 것입니다. 코로나19 감염 상황은 인간과 세상을 위한 종교의 의미와 역할에 대해 종교 스스로 다시 성찰하게 만들어주었습니다. 그동안 종교가 보통의 사람들이 사는 세상과 동떨어진 자기만의 울타리 속에서 안주하고 있었던 것은 아닌지, 종교의 가치와 의미를 '지금 여기'의 삶 안에서가 아니라 '나중 저기'의 차원 안에서 그려놓고 있었던 것은 아닌지 되돌아볼 것을 요구하고 있습니다.

프란치스코 교황이 취임 이래 일관되게 제시해온 메시지 역시 '세상 안의 종교'로서의 역할이라고 할 수 있습니다. 『복음의 기쁨』으로부터 가장 최근에 발표된 『모든 형제들』에 이르기까지 프란치스코 교황은 지금 세상 안에서 벌어지고 있는 문제 상황들 하나하나에 초점을 맞추고 있습니다. 당면한 문제를 하느님의 진리에 따라 분석하고 비판합니다. 그리고 역시 하느님의 진리에 맞는 해결 방향, 다시 말해 이 땅 위에 하느님의 뜻을 실현하기 위한 실천 방향을 제시합니다.

프란치스코 교황의 메시지는 '인간과 세상을 위해 종교가 무엇을 해야 하는가, 어떤 의미를 제공해야 하는가'에 대한 적절한 응답일 수 있습니다. 프란치스코 교황의 관심과 시도를 통해 종교는 다시 인간과 세상 안에 살아 있는 의미, 살아 있는 언어가 될 수 있습니다. 프란치스코 교황과 같은 방식으로 종교는 인간과 세상에 가장 가치 있는 의미를 제시해줄 수 있습니다. 인간이 어떤 삶을 살아야 하는지, 어떤 세상을 만들어야 하는지.

이를 『모든 형제들』에서는 "사회적 시인들"이라는 표현으로 제시해주고 있습니다. 여러 언어들의 창의적인 연결과 조합을 통해 한 편의 아름다운 시詩가 이루어지듯이, 우리 모두의 생각과 몸짓 하나하나가 형제적 연대로 연결될 때 하느님 뜻에 맞는 아름다운 세상이 이루어질 수 있습니다. 그런 의미에서 우리 모두는 세상이라는 시를 만들어가는 '사회적 시인들'입니다. 세상이라는 시는 몇몇 사람들만이 시인으로 참여해서는 완성할 수 없습니다. 모두가 시인이 되어야 합니다. 우리 모두는 '사회적 시인'이어야 하는 존재들입니다.

이 책은 『모든 형제들』이 제시해주는 문제의식과 성찰을 우리가 사는 현재 세상의 구체적 사례들과 연결지어보는 시도로서 의미를 지닙니다. 이 작은 책 하나에 현재 세상의 모든 사례들을 담을 수는 없습니다. 이 책을 쓰는 저희들이나 읽는 독자들 모두에게 '사회적 시인들'로서 현재 세상에 대한 관심과 성찰을 제안하는 마음입니다.

공동 저자인 제 아내 박재신 요셉피나와 그동안 함께 공부하고 나누었던 이야기가 한 권의 책이 되었습니다. 이렇게 부부가 같은 곳을 바라보고 함께 걸어갈 수 있는 것이 저에게는 가장 소중하고 감사한 일입니다. 저희들의 글이 책으로 만들어질 수 있도록 도움을 주신 한국가톨릭문화연구원 원장 김민수 이냐시오 신부님과 연구위원장 김영수 박사님, 그리고 모든 연구위원 선생님들께도 깊은 감사를 드립니다.

오지섭 사도요한

✝

20대에 던졌던 '어떻게 살 것인가?'에 대한 치열한 고민은 지천명의 나이에 이르러도 여전히 지속되고 있습니다. 하늘의 뜻을 알게 되는 나이가 되면 조금은 편안해지지 않을까 생각했지만 여전히 삶은 치열합니다. 이제는 부모로, 선생님으로, 신앙인으로 세상을 좀 더 오래 살았다는 이유만으로 누군가의 물음에 답해주어야 하는 나이에 이르고 보니 스스로 그 부족함에 고민은 더욱 깊어 갑니다.

치열한 삶과 깊은 고민 속에 방황하던 어느 날 부르심을 받았습니다. 그 부르심으로 지난 1년 간 한마음한몸 운동본부 자살예방센터에서 '자살예방교육 교재와 프로그램' 만드는 과정에 참여했습니다. 그 안에서 고통 중에 있는 많은 사람들을 만났습니다. 누군가는 그 순간을 잘 견디고 이겨냈지만 누군가는 외로이 스스로 생을 마쳤습니다. 누군가를 만난다는 것은 한 사람의 삶을 온전히 받아들이는 일이지만 누군가를 갑자기 떠나보낸다는 것은 준비되지 않은 채 그 사람과의 삶과 힘겹게 작별하는 일입니다.

한국 사회에서 자살은 이제 더 이상 개인적인 문제가 아닌 사회적 현상, 즉 우리 공동체 안의 심각한 문제가 되었습니다. 요한 바오로 2세는 『생명의 복음』에서 "자살은 중대한 비윤리적 행위로서 거부해야 하지만 특정한 심리적·문화적·사회적 여건이 그 사람에게 생명을 향한 선천적 경향에 근본적으로 반대되는 행동을 하도록 유도하는 경우 그 사람의 주관적인 책임이 감소되거나 면제될 수도 있다"고 했습니다. 프란치스코 교황은 새 회칙 『모든 형제들』에서 오늘날 우리가 살아가는 세상 속 분열과 대립에 관해 말하고 있습니다. 경제적 이익, 사회적 계층, 문화적 다름, 정서적 감수성 등이 하나하나 사람과 사람을 편 가르고, 세상을 점점 더 작고 예리한 파편들로 쪼개어 그 사람들을 파편화된 각자의 세상 안으로 분리시키고 있습니다.

하지만 코로나 19와 같은 비극은 우리가 다시 하나의 공동체로 돌아와야 함을 알려주었습니다. 혼자가 아니라 함께해야만 극복할 수 있다는 사실을 다시 한번 깨닫게 되었습니다. 타인의 고통 앞에 무관심한 삶은 우리가 할 수 있는 선택이 아닙니다. 우리는 그 누구도 삶의 길가에 머물도록 내버려둘 수 없습니다. 인간은 자기 자신을 아낌없이 내어줄 때 살아가고 발전하며 충만에 이를 수 있도록 만들어졌습니다. 자기 자신에게서 벗어나 다른 이들을 향해 나아갈 때 모든 이의 마음속에 따뜻한 형제애가 만들어집니다.

이는 이 시대를 살아가는 우리 모두가 함께 성찰하며 해결해야 할 문제이며, 각자가 받은 소명과 선택이 굳건해지도록 함께 애써야 할 일입니다. 이러한 움직임에 참여하는 우리 모두는 시의 언어로 세상에 변화의 씨를 뿌리고 아름답고 창의적으로 서로를 연결하는 사회적 시인이 될 것입니다.

『모든 형제들』에 기반 하여, 부르심의 여정에서 만났던 많은 사람들, 함께했던 시간과 경험을 바탕으로 글을 썼습니다. 특히 말씀과 나눔을 통해 제가 영성적으로 한 걸음 더 성장하게 해주신 최승정 신부님, 김민수 신부님, 양경모 신부님, 차바우나 신부님, 이승화 신부님, 김홍주 신부님께 깊은 감사를 드립니다. 그리고 가톨릭교육에 관해 깊이 있는 학문적 성장으로 이끌어주신 최준규 신부님, 구본만 신부님, 김녕 교수님, 김경이 교수님께도 깊은 감사를 드립니다. 마지막으로 이 글을 함께 쓴 저의 스승이며 동반자인 남편 오지섭 사도요한에게 깊은 사랑과 감사를 전합니다.

고단한 일상에도 불구하고 그리스도의 뜻에 따라 살고자 애쓰는 사람들, 시대의 아픔과 고통을 함께하며 어떻게 살 것인가를 고민하는 많은 분들께 이 책이 따뜻하고 정의로운 세상으로 함께 가는 작은 통로가 되길 바랍니다.

박재신 요셉피나

차례

간행사 · 5

머리말 · 8

I

병든 사회의

징후들

1. 친구와 이웃을 잃다 · 22

2. 벽 안에 갇히다 · 26

3. No gain, No pain · 29

4. 끝없는 욕망 · 38

5. 고통 앞에서 무관심한 삶 · 44

6. 극단적 선택으로 내몰리는 사람들 · 49

II

다시

시작하기

1. 먼저 이웃되기 · 58

2. 진정한 용기와 참된 화해 · 65

3. 희망의 끈 · 68

4. 생태적 회심 · 72

5. 좋은 어른 · 79

6. Be the miracle · 84

7. 인간의 존엄성 · 91

Ⅲ   1. 아가토쉬네와 베네볼렌시아, 그리고

실천 가치   크레스토테스 · 100

           2. 정의와 평화 · 104

           3. 김수환 추기경이 전하는 평화 · 109

           4. 잃어버린 양 한 마리가 전하는 평화 · 116

           5. 연대와 봉사 · 121

           6. 착한 사마리아인이 전하는 연대와 공감 · 126

Ⅳ   1. 진정한 사랑과 충서忠恕 · 140

세상과   2. 이웃사랑과 연기緣起 · 148

인간을 위한   3. 지행합일知行合一 · 157

종교   4. 세상의 재물 · 164

           5. 유혹 · 174

           6. 무위자연無爲自然의 신앙 · 183

애필로그 『모든 형제들』이 제시하는 세상과 인간 삶의 방향 · 190

Ⅰ 병든 사회의 징후들

당신의 눈에 보이는 세상은 어떤 모습인가요? 세계화라는 이름하에 우리 모두는 이웃이 되고 있지만, 감당하기 힘들 만큼 커다란 세상에서 우리는 점점 고립되고 있습니다. 가깝게 연결된 것처럼 보이지만 사실은 점점 더 파편화 되어 함께하는 공동체로서의 삶은 점점 자리를 잃고 있습니다.

그 안에서 누군가는 경제적으로 안정된 가정에 태어나 좋은 교육을 받고 건강하게 성장합니다. 그들에게 세상은 참으로 살 만한 곳입니다. 그러나 누군가는 가난한 가정에서 태어나 좋은 교육은 물론 경제적 압박으로 인해 삶에 대한 최소한의 권리조차 누리지 못한 채 힘든 삶을 지속합니다. 그들에게 세상은 참으로 각박하고 힘든 곳이기만 합니다.

세상은 모든 이에게 공평한 기회가 주어져야 한다고 말하면서도 모든 것은 다 자기하기 나름이라고 말합니다. 이렇게 개인의 권리를 주장하는 경향은 점점 더 강해지고 있습니다. 다른 이들의 존재와 권리를 부정하며 그들을 가차 없이 비난합니다. 이러한 세상에서 나의 성공은 곧 타인을 파괴하는 것과 같은 의미를 지닙니다. 자신들의 성공을 위해 누군가는 희생될 수 있다고 여기기도 합니다. 특히 가난한 이들, 장애인, 태아, 노인처럼 힘없고 약한 이들을 그럴 수 있는 존재라고 생각합니다.

경쟁에서 이긴 사람들은 자신만의 필요에 사로잡혀 약하고 고통 받는 사람들을 불편하고 번거롭게 여깁니다. 공동체 안에서 자신과 타인은 완전히 분리되고 점점 자신의 행복에만 집착하게 됩니다. 상처 입은 이들은 점점 더 많아집니다. 이 모든 현상은 병든 사회의 징후들입니다.

신앙인으로서 우리의 모습 또한 별반 다르지 않습니다. 하느님을 믿는다는 사실이 하느님 보시기에 마음에 드는 삶을 산다는 것을 의미하지 않습니다. 요한 크리소스토모 성인은 진심으로 그리스도를 공경하고자 한다면, 그분께서 헐벗으셨을 때에 모른 척하지 말라고 하셨습니다. 바깥에서는 추위와 헐벗음으로 고통 받으시도록 내버려두면서 성전 안에서는 그분을 비단옷으로 공경하지 말라고 말씀하셨습니다.

오늘날 우리는 자신의 목적에 맞는 사람만을 골라 이웃으로 만듭니다. 이러한 이웃에 대한 차가운 판단은 결국 치유되지 않은 상처나 용서받지 않은 잘못으로 남아 자신을 괴롭히는 갈등의 원인이 됩니다.

1
친구와 이웃을 잃다

우리 사회는 끊임없이 발전하고 있지만 우리의 삶은 그 안에서 점점 더 고단해지고 있습니다. 경쟁 상대를 쓰러트리는 것이 성공인 현실에서, 우리는 더 많은 것을 누리기 위해 치열한 경쟁으로 내몰리고 있습니다. 그 과정에서 친구와 이웃을 잃었습니다.

이긴 사람은 더 큰 보상을 위해 자신만의 삶에 집중했고, 진 사람은 낙오자가 되어 극단적인 선택을 택하기도 합니다. 행복해지려고 애쓸수록 불행해졌습니다. 자신을 위한 사랑이 견고해질수록 타인을 향한 사랑은 자리를 잃었습니다. 끼리끼리 뭉치지 않으면 살아남을 수 없다는 생존의식만 가득해졌습니다.

삶을 사랑하는 여유와 나누는 기쁨은 부질없고 사치스러운 감정으로 여겨졌습니다. 세상 속에 그들만의 똬리를 틀고 벽을 치기 시작했습니다. 높이 솟아가는 벽들은 더 뾰족해졌고, 더 접근불가 영역이 되어 그들만의 세상에 갇히게 되었습니다.

> 수능 국어영역 '1등 스타강사'로 알려진 OO 씨는 댓글 공작 사건으로 1타 강사에서 범법자로 추락했다. 그는 아이피 추적을 피하기 위해 필리핀에 댓글공장을 차린 후 한국인 유학생 등을 동원해 가상사설망VPN을 통해 댓글 작업을 해온 것으로 알려져 있다.

> 과학고에서 의대를 선택한 아이들, 어른들은 욕할 자격 없잖아요? 한 텔레비전 예능 프로에서 의대 6군데 합격으로 화제가 된 과학고 출신 의대생 섭외와 관련해서 논란이 일자 제작진은 '무지함으로 시청자분들에게 큰 실망을 안겨드렸다'며 사과했다. 방송 후 과학고에서 의대 간 게 자랑? 세금 먹튀다! 라는 비판이 연일 기사화되면서 생긴 일이다.

한동안 이슈가 되었던 사건에 대해 언론이 보도한 내용입니다. 먼저 나온 기사는, 한 해 연봉만 100억 원이 넘는 1타 강사가 자신의 자리를 유지하기 위해 여론을 조작해서 경쟁 강사를 비방한 사건에 관한 것입니다. 100억이 넘는 연봉을 받는 그는 왜 이런 선택을 해야만 했을까요?

두 번째 기사는 과학고 학생의 의대 진학에 관한 기사입니다. 과학고는 과학영재 육성을 위해 국가가 국민세금으로 설립·운영하는 특수한 목적을 가진 학교입니다. 그런데 이 학교에서 공부한 학생들이 의대를 택했다는 이유로 비난을 받자 학생들이 오히려 "어른들은 욕할 자격 없잖아요?"라며 되묻고 있습니다. 그들은 자신들의 의대 진학은 부모의 기대와 사회적 요구에 따른 선택이었다고 항변합니다. 자신의 능력으로 안정된 직업을 선택할 기회가 있는데 굳이 마다할 이유를 모르겠다고 합니다.

연봉 100억이 넘는 스타 강사와 미래가 보장된 의사라는 직업은 그들에게 과연 어떤 의미이며 어떤 가치를 지닐까요? 그들의 선택과 결정에 우린 과연 아무 잘못이 없을까요? 우리가 그들을 비난하고 그들에게 책임과 가치를 물을 자격이 있을까요? "너희 가운데서 죄가 없는 사람이 먼저 이 여자에게 돌을 던지라"는 요한복음의 말씀이 생각납니다.

오늘날 많은 나라에서 과장과 극단화와 양극화의 메커니즘이 이용됩니다. 다른 이들의 존재와 생각할 권리를 부정하며 이를 위해 그들을 조롱하고 의심하며 가차 없

이 비난합니다. 사회는 빈곤해지고 강자들의 횡포에 굴
복하게 됩니다.

『모든 형제들』[15]

2

벽 안에 갇히다.

치열한 경쟁 속에서 경쟁상대를 쓰러트려야 성공에 이를 수
있음을 배운 아이들은 정신적 가치와 책임감 또한 약화되었습
니다. 그들은 친구를 만나고 이웃을 만나 관계를 맺지만 함께
할 줄 모릅니다. 그들이 특별히 나쁜 사람이어서가 아닙니다.
자라면서 한 번도 그래야 함을 배운 적이 없기 때문입니다. 어
른들은 자신이 추구하는 목적에 맞는 사람들만 친구와 이웃으
로 만들라고 가르쳤습니다. 그렇게 그들은 끼리끼리 모여 그
들만의 행복을 위해 애를 쓰고, 뒤처지거나 방해가 되는 사람
들은 주저 없이 쳐냈습니다.

그들이 사는 세상에는 오직 두 종류의 사람만 존재합니다.
내 행복에 도움이 되는 사람과 방해가 되는 사람입니다. 도움
이 되는 사람은 그들이 세운 높고 뾰족한 벽 안으로 들어갔고
방해가 되는 사람은 주저 없이 내쳐졌습니다. 벽 안에서 누군

가는 또 다른 원 안으로 들어가고 누군가는 주변인이 됩니다. 그들이 사는 세상에서 언제든 원의 중심부에 설 수 있지만, 언제든 원 밖으로 내쳐질 수 있습니다. 내쳐진 그들의 주위엔 아무도 없습니다. 남겨진 그들은 타인에 대한 폭력을 정당화 하거나 스스로 극단적 선택을 택합니다.

곁에 있는 누군가가 죽음으로 내몰려도 그들은 관심이 없습니다. 그저 그렇게밖에 살 수 없는 사람들이라고 가볍게 넘깁니다. 이렇게 벽을 쌓은 사람들은 언젠가 자신도 그 안에 갇혀 헤어 나올 수 없는 절망을 맛보게 될 것입니다.

> 각 개인의 권리가 더욱 커다란 선과 조화롭게 질서를 이루지 않는다면, 이러한 권리들은 결국 제약이 없는 것으로 여겨져 결과적으로 분쟁과 폭력의 원천이 될 것입니다.
>
> 『모든 형제들』[111]

'그들만 사는 세상'에서 '함께 사는 세상'으로 변화하기 위해 우리에게 필요한 것은 무엇일까요? 바로 타인을 향해 열린 마음입니다. 이는 내 이웃의 삶을 나의 삶 안으로 불러들여 내 방식대로 맞추는 것이 아니라, 내가 먼저 이웃이 되어 그들의 삶을 있는 그대로 인정하고 온전히 받아들이는 마음입니다.

'그들만 사는 세상'에서 '함께 사는 세상'으로

변화하기 위해 우리에게 필요한 것은 무엇일까요?

바로 '타인을 향해 열린 마음'입니다.

3

No gain, No pain

오늘날 상실과 고통의 끝자락에서 극단적 선택을 하는 사람들의 숫자가 점점 늘어나고 있습니다. 아무리 애를 써도 자살자의 수는 점점 증가하고 우리는 왜 이를 막지 못하는 것일까요? 양경모 신부님은 가톨릭 자살예방교육을 통해 자살은 "살인하지 말라"는 하느님의 계명을 어기는 일이며, 생명의 주인이신 하느님을 거스르는 행위라 했습니다.

하지만 하느님의 주권과 사랑을 거절한 것은 명백한 잘못이지만 이를 사회적 문제를 비롯한 다양한 관점에서 접근할 필요가 있다고 했습니다. 자살은 비록 개인적인 행위이지만 그런 요인을 제공하고 아무런 도움을 주지 못한 사회와 공동체 또한 책임을 면하기 어렵기 때문입니다.

서울 노량진에서 기약 없는 공시생 생활을 이어가는 청년들의 이야기를 다루었던 〈혼술남녀〉라는 드라마가 있었습니다.

이 드라마의 막내 PD는 촬영 막바지에 스스로 죽음을 택했습니다. 그는 불합리한 제작환경과 조직문화에 고통 받으면서 하청업체 계약 해지실무를 담당했다고 합니다. 그는 명백한 약자인 하청업체를 어려움으로 내몰 수밖에 없었던 자신을 도저히 용서하기 어려웠다고 했습니다. 그는 드라마 마지막 촬영 날인 2016년 10월 21일 실종되었으며, 얼마 후 사망한 채로 발견되었습니다. 다음은 그의 유서 중 일부입니다.

> 많이 꼬여 있었어요. 이십대의 삶은. 항상 더 위로 올라오긴 했지만, 앞선 단계의 고민을 채 마무리하지 못한 도약이었어요. 다음 단계로 넘어갈수록 고민은 얽히고설키어 풀 수 없게 되어버렸네요. 하루에 20시간 넘는 노동을 부과하고 두세 시간 재운 뒤 다시 현장으로 노동자를 불러내고 우리가 원하는 결과물을 만들기 위해 이미 지쳐 있는 노동자들을 독촉하고 등 떠밀고. 제가 가장 경멸했던 삶이기에 더 이어가긴 어려웠어요. 솔직히 예상 못했어요. 사회가 굴러가는 데 필수적인 영역에서 벗어나 둥지를 틀면 운동을 저버리고 내 영달을 찾더라도 세상의 모순과 빗겨날 수 있으리라 여겼어요. 하지만 잘못된 판단이었죠.
>
> 〈고 이한빛 PD 유서〉 중에서

언론사를 무대로 한 드라마 〈허쉬〉는 언론 불신 시대에 저널리즘의 원칙이나 저널리스트의 사명을 강조하는 고발성 드라마는 아닙니다. 우리와 크게 다르지 않게 생계 앞에서 작아지지만 그럼에도 진실을 찾고 올바른 기사를 쓰기 위해 끊임없이 자신의 삶을 시험하고 저울질하는 기자들의 일상을 담담하게 그려낸 작품입니다. 드라마는 자신의 밥그릇과 생존을 위한 침묵, 정의와 양심을 위한 고발, '기레기'와 기자, 그 경계의 딜레마를 이야기합니다.

드라마 속에서 취업 장벽에 가로막힌 청춘을 대변하는 인턴 기자 오수연은 온라인으로 "노 게인 노 페인No gain No pain-아무것도 얻으려고 노력하지 않는다면 고통도 없을 것"이라는 내용의 유서를 남기고 극단적인 선택을 합니다. 그녀는 "지방대 출신은 정규직으로 채용할 수 없으니 오수연 이름만 도려내라"는 편집국장의 지시를 우연히 들었습니다. 인턴 마지막 날 밤 당직 근무를 위해 홀로 남은 수연은 선배 한준혁에게 "그동안 감사했다, 죄송하다"는 마지막 문자를 남기고 창밖으로 몸을 던졌습니다. 정규직에 대한 희망을 품고 최선을 다했지만 냉혹한 현실의 벽을 뛰어넘지 못하고 세상을 등진 것입니다. 한준혁은 이후 수연의 자살에 대해 이렇게 이야기합니다.

수연의 죽음은 결국 자살이 맞았지만 많은 사람들이 수연의 죽음을 종용했거나 방조했다는 점에서 지수의 말처럼 타살과 다름없었다고. 만약 동기이자 사장의 조카였던 규태가 수연에게 미안하다고 위로의 말 한마디라도 전했다면, 자신이 만약 그 순간 달려가 당직을 바꿔줬더라면, 만약 동기인 지수가 수연이를 혼자 남겨두지 않았더라면, 만약 선배 이 기자가 당직을 맡기지 않았더라면, 만약 국장이 수연을 무시하는 그런 말을 하지 않았다면, 애초에 사장 조카 들러리를 위한 인턴 채용 자체가 없었더라면 수연이는 그들과 작별하지 않았을까? 한 번만 더 안녕한지 물어봤더라면, 한 명만 더 함께 버텨보자고 손을 내밀었다면. 누군가의 말 한마디가 아니라 모두의 무관심이 수연이를 벼랑 끝으로 몰았던 것은 아닐까?

아무튼 남겨진 사람들은 이제 진실과 만날 준비를 해야 했다.

– 드라마 〈허쉬〉 15회 중에서

한 사람은 드라마 밖에서, 한 사람은 드라마 안에서 스스로 죽음을 택했습니다. 이를 통해 무엇을 보았습니까? 죽음을 택한 개인의 나약함, 불성실함, 타인과의 갈등, 책임회피 등이 먼저 보였나요? 아니면 죽음으로 내몰릴 수밖에 없었던 그들의 고단한 상황이 먼저 보였나요?

모든 일은 다 자기하기 나름이라고 말하는 사람도 있습니다. 그들에겐 힘없고 약한 사람들을 도우며 함께 살아가는 세상이 의미 있을 리가 없습니다. 때로는 그것마저 이용하며 인간의 철저한 이기심을 보이기도 합니다. 그들은 자신들의 잘못으로 다른 사람이 죽을 수도 있다는 사실이 별로 중요하지 않습니다. 각자의 필요에 사로잡혀 고통 받는 사람들을 보면 불편하고 번거롭게 여깁니다.

> 이러한 세상에서 승리란 파괴의 동의어가 됩니다. 그 안에서 우리가 어떻게 고개를 들어 이웃을 돌아보거나 길에 쓰러진 사람 곁에 있어줄 수 있습니까? 우리 사이의 거리는 점점 멀어지고 공정하고 하나 된 세상을 향한 여정은 점점 퇴보하고 있습니다.
>
> 『모든 형제들』[16]

고통스러운 현실 앞에서 문제점을 지적하고 비판하는 날카로운 시각도 필요합니다. 하지만 그 안에 상처 입은 사람들을 먼저 보듬는 따뜻한 시선이 우선입니다. 이웃을 잃어버린 시대에 누가 우리의 이웃인가를 묻기 전에 우리가 먼저 이웃이 될 때입니다. 타인의 고통에 등 돌리는 사회에 더 이상 이웃은 없습니다.

김민수 신부님은 『문화를 읽어주는 예수』에서 사르트르의 "타인은 지옥이다"라는 표현이 이 시대를 대변하는 말일지는 모르지만, 가난한 이들과 평생을 함께해온 피에르 신부의 "타인들과 단절된 자기 자신이야말로 지옥이다"를 다시 인용하며 타인의 고통을 함께 나누는 사람만이 진정한 우리의 이웃이라고 말하고 있습니다.

> 우리 각자는 사람들 가운데 하나로 존재할 때 온전한 인격체가 됩니다. 동시에 각 인격체의 개성이 존중되지 않고서는 사람이 존재할 수 없습니다. 사람과 인격체는 서로 연결되어 있기 때문입니다. 그러나 오늘날 인격체를 부당 이득을 추구하는 권력자들이 손쉽게 지배하는 고립된 개인으로 축소시키려는 시도가 있습니다.
>
> 『모든 형제들』 [182]

한 사람을 인격체로 존중하는 마음속에는 깊은 아름다움이 내재되어 있습니다. 홀로 고립되지 않고 서로 존중할 때에만 우리는 사람으로서 아름다움을 회복하고 서로의 일부가 될 수 있습니다. 이웃이 된다는 것은 말이 아닌 행동으로 삶 속에서 함께한다는 것입니다.

이제 우리는 나만의 안락함에서 벗어나 이웃을 위해 효과적인 길을 찾아 행동해야 합니다. 이것이 이웃을 위한 숭고한 사랑의 실천입니다.

매주 일요일마다 꼬박꼬박 교회에 나와 기도하는 것만으로는

충분치 않다. 당장 행동에 나서야 한다.

- 아베 피에르Abbé Pierre

4
끝없는 욕망

그런데 사라는 이집트 여자 하가르가 아브라함에게 낳
아 준 아들이 자기 아들 이사악과 함께 노는 것을 보고
아브라함에게 말하였다. "저 여종과 그 아들을 내쫓으세
요. 저 여종의 아들이 내 아들 이사악과 함께 상속받을
수는 없어요."
그 아들도 자기 아들이므로 아브라함에게는 이 일이 무
척이나 언짢았다.

(창세 21,9-11)

"혹시나 아버지께서 저를 만져 보시면, 제가 그분을 놀
리는 것처럼 되어 축복은커녕 저주를 받을 것입니다."
그러나 그의 어머니는 말하였다. "내 아들아, 네가 받을
저주는 내가 받으마.

너는 그저 내 말을 듣고, 가서 짐승이나 끌고 오너라."

(창세 27,12-13)

창세기에도 자식을 위한 사랑이라는 이름으로 욕망을 품고 있는 엄마들이 있었습니다. 이사악의 엄마 사라와 야곱의 엄마 레베카입니다. 사라는 자신의 귀한 아들이 천한 종 출신의 아들과 함께하는 것을 볼 수 없었고, 레베카는 남편과 큰아들을 속이면서까지 사랑하는 둘째아들 야곱이 축복을 받도록 모든 조취를 취했습니다. 웬일인지 드라마 〈스카이 캐슬〉과 〈펜트하우스〉가 생각납니다.

> 대한민국 상위 0.1%가 모여 사는 SKY 캐슬 안에서 남편은 왕으로, 제 자식은 천하제일 왕자와 공주로 키우고 싶은 명문가 출신 사모님들의 처절한 욕망을 샅샅이 들여다보는 리얼 드라마
>
> 〈스카이 캐슬〉 기획의도 중에서

> 모든 것을 집어삼키는 욕망의 프리마돈나 VS. 상류사회 입성을 향해 질주하는 여자들의 채워질 수 없는 일그러진 욕망으로 집값 1번지, 교육 1번지에서 벌이는 부동산과 교육 스토리

를 담은 작품. 서스펜스 복수극! 자식을 지키기 위해 악녀가

될 수밖에 없었던 여자들의 연대와 복수를 그린 이야기

높은 시청률을 자랑한 드라마 〈스카이 캐슬〉과 〈펜트하우스〉
의 기획의도입니다. 읽기만 해도 숨이 턱턱 막히는 이 기획의도
에서 노골적으로 드러내고 있는 단어는 '상위 1%, 명문가, 부동
산, 교육, 왕자와 공주 그리고 욕망'입니다.

인간의 욕심에 끝이 있을까요? 오르고 싶은 곳에 오르면 그
보다 더 높은 곳을 오르고 싶은 게 인간의 욕심입니다. 우린
바벨탑 이야기를 통해 이미 잘 알고 있습니다. 그 안에서 우리
는 창세기의 사라와 레베카, 오늘날 〈스카이 캐슬〉과 〈펜트하
우스〉의 부모들을 만날 수 있습니다.

그들은 또 말하였다.

"자, 성읍을 세우고 꼭대기가 하늘까지 닿은 탑을 세워

이름을 날리자. 그렇게 해서 우리가 온 땅으로 흩어지지

않게 하자."

(창세 11,4)

40

우리는 모두 행복한 삶을 꿈꿉니다. 그런데 행복해지기 위해 선택한 그들의 삶은 왜 그렇게 치열하고 비극적이어야만 할까요? 자신의 모든 것을 바쳐 자식 키우기에 올인 했지만 결국 아무것도 얻지 못했다고 불평하는 엄마, 완벽한 엄마가 되고 싶었지만 완벽히 실패했다며 우는 엄마, 정의로운 길을 걷겠다며 용기를 내었지만 막상 자식의 아픔을 보지 못하고 좌절한 엄마, 자신이 세상의 중심이 되어야 하고 원하는 것은 무슨 수를 쓰든 손에 넣어야 직성이 풀리는 엄마, 자기 자식만큼은 돈 때문에 슬프지 않고 차별받지 않게 하겠다고 악을 쓰는 엄마.

그들이 진정으로 얻고 싶었던 것은 과연 무엇일까요? 그들은 왜 꼭 세상의 중심이 되어야만 할까요? 사라는 왜 하가르의 아들을 그렇게 싫어했을까요? 레베카는 왜 남편과 큰아들을 속이고 그렇게까지 해야 했을까요? 이들을 만날 수만 있다면 일일이 찾아가 그 이유를 꼭 묻고 싶습니다.

아마 그들은 저에게 "당신은 절대 모르는 상위 1%, 상류사회로 입성하기 위해서죠"라고 당당히 말할지도 모르겠습니다. "꼭대기가 하늘까지 닿은 탑을 세워" 그들은 상위 1%에 도달하고, 모두의 위에 군림하는 욕망을 가졌을 것입니다. 모두에게 상위 1%에 속한 자신들의 이름과 명예를 자랑하고픈 욕망을 지녔을 것입니다. '흩어지지 않게 하자'며 상위 1%를 위한 그들만의 세상에 살기 위한 욕망을 꿈꿨을 것입니다. 그 안에서 자신들의 욕망을 끝없이 합리화하고, 타인의 고통에는 아무 죄책감 없는 무관심의 태도를 가졌을 것입니다.

오늘날 교육은 소수를 위한 선발의 도구가 되고, 계층 형성의 제도적 수단이 되었습니다. 이것이 점점 세습화될 수밖에 없는 현실에서 '자식을 사랑하기 때문'이라는 엄마들의 처절한 욕망에 '나는 절대 그렇지 않다'고 초연할 수 있는 부모가 과연 몇이나 있을까요? 좋은 부모란 무엇일까요? 아이들을 위해 할 수 있는 좋은 교육이란 무엇일까요? 욕망으로 가득 찬 부모들의 교육이 자신과 아이들에게 과연 어떤 가르침을 줄 수 있을까요?

> 오늘날 더욱더 포괄적으로 개인의 권리를 주장하는 경향이 있습니다. 인간이 마치 단자인 것처럼 모든 사회적 인간학적 상황에서 분리되어 다른 이들에게 더욱더 무관심해진 인간 개념이 깔려 있습니다. 각 개인의 권리가 더욱 커다란 선과 조화롭게 질서를 이루지 않는다면 이러한 권리들은 제약이 없는 것으로 여겨져 결과적으로 분쟁과 폭력의 원천이 될 것입니다.
>
> 「모든 형제들」 [111]

우리는 삶 속에서 만나는 많은 사람들의 다양한 실제 삶의 모습을 통해 성경 속 하느님 말씀이 오늘날 어떻게 실천되고 구체화 되고 있는지 알 수 있습니다. 창세기 안의 인물들은 많은 인간적인 결점을 갖고 있습니다. 지금 살아가면서 우리가 매일 만나는 수많은 사람들 중의 하나의 모습일 수 있습니다. 하지만 이런 부끄러운 모습을 지우지 않고 그대로 보여주는 이유는 아마 수많은 결점에도 불구하고 우리 모두 성장하는 믿음을 갖고 있다고 믿기 때문일 것입니다.

답을 찾기 위한 우리의 성찰과 노력은 계속되어야 합니다. 이 글을 읽으면서 성찰하지 않고 지나간다면 이는 수많은 경험 중의 하나로 스쳐갈 것입니다. 성찰은 내 삶의 아주 작은 구석구석까지 뒤돌아보고 귀 기울일 것을 요청합니다. 그렇게 내 삶의 전체로 스며들어야 비로소 변화와 성장에 이를 수 있습니다.

5
고통 앞에서 무관심한 삶

애니메이션 〈플랜더스의 개〉는 어른이 되어 다시 보아도, 아니 어른이 되어야만 비로소 볼 수 있는 묵직한 울림이 내재된 이야기입니다. 우리는 주인공 네로를 통해 삶과 죽음, 희망과 절망 그리고 부와 가난 등 상반된 가치의 슬픔을 경험할 수 있습니다.

가난했지만 꼭 화가가 되고 싶었던 네로는 "가난한 사람도 선택할 수 있어. 나는 위대한 사람이 되는 길을 선택할 거야"라며 꿈을 포기 하지 않았습니다. 하지만 비싼 관람료 때문에 루벤스의 그림을 볼 수 없었던 아이는 점점 자신의 가난한 현실을 깨닫습니다. 마지막 최악의 상황에서 그토록 원했던 그림을 본 후 네로는 "이제 지쳤어, 파트라슈" 하고 성당에서 숨을 거둡니다.

자살예방교육을 시작하며 만났던 어른들조차 마지막까지

삼켰던 "이제 지쳤어"라는 말을 이 어린아이의 입을 통해 듣게 된 순간 '스플랑크니조마이'를 느꼈습니다. 이는 소외당하고 고통 중에 있는 인간에 대한 예수님의 마음을 잘 표현한 단어로, 마음이 슬퍼 창자가 끊어질 듯한 연민을 갖는 마음입니다.

> 약자들의 상황이 우리에게 직접 영향을 미치지 않는 한 우리는 눈길을 돌리고 옆을 스쳐 지나가며 그 상황을 무시하는 데에 익숙해져 있습니다.
>
> 『모든 형제들』 [64]

네로가 풍차 방앗간의 방화범으로 몰렸을 때, 마을 사람들은 아닌 줄 알면서도 모두 네로를 범인으로 지목합니다. 자신들의 생계에 큰 영향을 끼치는 마을 유지 코제트의 눈치를 보며 누구 하나 아니라고 나서지 못했습니다. 결국 이 일로 네로는 일자리를 잃고 마을에서 쫓겨나게 됩니다. 어느 추운 겨울날, 네로는 눈밭을 걷다 가난한 자신을 싫어했던 코제트의 돈주머니를 찾아주고, 이를 계기로 사람들은 그동안 자신들의 잘못을 뉘우치고 네로를 받아들입니다.

> 우리의 필요에만 매우 사로잡혀 있기에 고통 받는 사람

을 보면 불편하고 번거롭게 여깁니다. 다른 이들의 문제 때문에 시간을 허비하고 싶지 않기 때문입니다. 이러한 일들은 병든 사회의 징후입니다. 고통에 등을 돌리면서 번영을 추구하려는 사회이기 때문입니다.

「모든 형제들」[65]

　사실 코제트는 네로의 친구인 아로아의 아버지입니다. 그런데 왜 그렇게 네로를 매몰차게 대했을까요? 코제트씨에게 이렇게 묻고 싶습니다.

　"왜 네로가 아로아의 친구가 되는 것을 그토록 싫어했나요? 가난했기 때문인가요? 왜 증거도 없이 그 어린 소년을 방화범으로 내몰았나요? 왜 네로가 지갑을 갖다준 후에야 착한 소년이라는 걸 인정하게 되었나요? 꼭 그렇게 네로가 죽어야 속이 후련했나요?"

　마을 사람들에게도 묻고 싶습니다.

　"네로가 범인이 아닌 줄 알면서도 왜 범인으로 내몰았나요? 진실을 말하는 것보다 부자 코제트의 눈치를 보는 것이 그렇게 중요했나요? 가난한 할아버지와 소년의 일자리를 빼앗고, 할아버지마저 돌아가신 네로를 그 추운 겨울에 쫓아냈어야 속이 후련했나요?"

인간은 누구나 존엄한 존재입니다.
만약 누군가의 존엄성을 짓밟는다면
그것은 자신의 존엄성을 짓밟는 것과 같습니다.

- 교황 프란치스코

뒤늦게 잘못을 뉘우친 코제트는 참회의 눈물을 흘리며 네로를 자식처럼 키우겠다고 말했지만 이미 늦었습니다. 네로에게 방화범 누명을 씌운 마을 사람들도 크게 후회하며 네로를 찾아 눈보라 속으로 나갔지만 이미 늦었습니다.

결국 사람과 세상을 변화시킨 것은 대단한 권력이나 부가 아닌 착한 소년의 선한 마음이었습니다. 네로의 선한 마음은 자신이 살았던 세상에 작지만 커다란 변화를 가져왔습니다. 네로의 죽음 이후 마을 공동체와 사람들의 마음은 틀림없이 달라졌으리라 생각합니다.

> 고통 앞에서 무관심한 삶은 우리가 할 수 있는 선택이 아닙니다. 우리는 그 누구도 삶의 길가에 머물도록 내버려 둘 수 없습니다. 우리는 인간 고통을 접하고 분노하며 우리의 안락한 고립에서 벗어날 때까지 변화되어야 합니다. 이것이 존엄성의 의미입니다.
>
> 「모든 형제들」 [68]

6
극단적 선택으로 내몰리는 사람들

자살예방교재를 만들기 시작한 지 얼마 지나지 않아 요셉 씨를 만났습니다. 그는 자살 유가족이었고, 본인도 그런 경험이 있다고 했습니다. 그와 이야기를 나누는 동안 구약성서 안의 욥을 만났습니다.

> "저를 좀 내버려두십시오. 이제 살날이 조금밖에 없지 않습니까?
> 제가 조금이나마 생기를 되찾게 저를 놓아주십시오.
> 제가 돌아오지 못하는 곳으로, 어둠과 암흑의 땅으로 가기 전에. 칠흙같이 캄캄한 땅, 혼란과 암흑만 있고 빛마저 칠흑 같은 곳으로 가기 전에 말입니다."
>
> (욥기 10,20-22)

누구나 그렇듯이 살다 보면 힘들 때가 있습니다. 특별히 잘못하거나 나쁜 일을 하지 않았음에도 걷잡을 수 없는 상황에 내몰릴 때가 있습니다. 요셉이 그랬습니다. '아무리 생각해도 모르겠다. 어디서부터 무엇이 잘못됐는지. 같은 상황에서 누군가는 버티고 누군가는 극단적 선택을 하겠지'라고. 요셉도 이제 막바지라고 생각했습니다.

지난 시간 요셉은 몹시 힘들고 비참했습니다. 평생 경험한 적 없는 수모를 겪었고, 남의 일인 줄로만 알았던 일들을 무방비로 당했습니다.

요셉은 매일 밤 혼자 소리쳤습니다. 목은 쉬고 피를 토할 것 같았습니다. 그냥 상황이 나빠졌을 뿐이라고, 다 그럴 때가 있는 거라고. 괜찮다고, 견뎌보자고, 그렇게 스스로를 독하게 위로했습니다. 아무도 탓하지 않았습니다. '이건 단지 상황의 문제일 뿐이야'라고 스스로 주문을 걸었습니다. 누군가를 비난하며 더 비참해지기 싫었습니다.

어떤 날은 울다 지쳐 잠들었고, 다음날 눈을 뜨면 또 하루를 버텨낼 생각에 숨이 쉬어지질 않았습니다. 그러다 밤이 오면 비로소 지친 숨을 내쉬고 잠이 들었습니다. 요셉은 그 안에서 사람을 보았습니다. 누군가는 왜 그렇게밖에 살지 못했느냐고 비난했고, 소리 지르며 화를 내고 괴롭혔습니다. '나만큼 괴로

사람이 온 세상을 얻는다 해도
제 목숨을 잃으면 무슨 소용이 있겠느냐?
사람의 목숨을 무엇과 바꾸겠느냐?

– 마태 16,26

울까?' 생각했지만 원망을 지웠습니다.

또 누군가는 뒤에서 쑥덕거렸습니다. "그들도 어쩔 수 없었 겠지. 나라도 그랬을 거야." 요셉은 눈을 감고 귀를 닫고 입도 닫았습니다. 매순간 세포 마디마디 혈관 마디마디에 스며든 나쁜 기운들이 온몸으로 퍼지는 걸 느꼈습니다. 그럼에도 불구하고 정상적으로 생각하고, 버텨주는 몸 상태가 오히려 신기했습니다.

그래도 누군가는 한쪽 어깨를 내어주고 지친 그를 숨 쉬게 했습니다. 침묵 속에 오랜 시간 함께해주었습니다. 쓰러지고 버티는 반복된 시간들 속에서 견딜 수 있었던 유일한 힘은 곁에 있는 누군가였습니다. 누군가 함께 있다는 한 가지 믿음이었습니다. 간절히 원했던 요셉의 기도는 한 번도 이루어지지 않았습니다. 그를 둘러싼 상황도 여전히 그대로였습니다. 그렇지만 요셉이 숨 쉴 수 있었던 것은 바로 그 믿음이 있었기 때문입니다. 요셉은 깜깜해서 아무것도 보이지 않는 길 위에서 누군가의 이름을 부르고 또 불렀습니다. 갈 곳 몰라 비틀거리고 주저앉고 헤매면서도 그 믿음의 빛을 기억하고 싶었습니다.

제가 이런 요셉을 이해하는 것도 사치라는 생각이 들었습니다. 그를 만나고 온 후에는 너무나 힘들어 그 무게감에 짓눌려 기도하듯 고백하듯 토해내듯 글을 썼습니다. 어느새 요셉 씨를 만난 지 1년이 지나갑니다. 자주 안부를 건네지는 못하지만 가끔씩 소식을 전해옵니다. 자주 웃으면서 건강하게 잘 지낸다고.

자살예방을 위한 교재를 만드는 데 힘을 보태겠다고 생각했습니다. 꼭 필요한 책을 만들겠다고 머리로 시작한 일이었습니다. 그때 주님께서 저에게 요셉 씨를 보내주셨습니다. 그가 아니었으면 내내 머리로만 작업했을 일들을 다시 마음으로 시작할 수 있었습니다. 자살예방교육을 공부하고 교육하는 일은 '열심히' 하는 것만으로 충분하지 않은 무게감이 큰 일이었습니다. 능력과 노력을 넘어, 또 제 삶의 가치와 신념을 넘어 그 안에서 함께 공감하고 성장하지 않고서는 할 수 없는 일이었습니다.

누군가의 아픔과 슬픔을 위로하고 교육하는 일은 머리만으로는 할 수 없는 일입니다. 김수환 추기경님께서 "사랑이 머리에서 가슴으로 내려오는 데 70년이 걸렸다"고 말씀하신 이유를 이제야 조금 알 것 같습니다.

II 다시 시작하기

코로나19와 같은 비극은 다시 우리를 하나의 공동체로 만들었습니다. 혼자가 아니라 함께여야 극복할 수 있다는 사실을 다시 한번 깨닫게 되었습니다. 이는 그동안 우리의 태도와 관계에 대한 우리의 존재 의미를 처음부터 다시 생각해보는 계기가 되었습니다. 우리가 겪고 있는 힘듦과 슬픔이 반복되지 않도록 새로운 생활 방식을 향하여 나아가야 할 때입니다.

이제 우리는 상처 입은 세상을 되살리고 지원하기 위해 함께 참여해야 합니다. 지금 우리에겐 쓰러진 사람에게 다가가 일으켜 세우고 도와준 착한 사마리아인의 자발적이고 순수한 바람이 필요합니다. 상처 입을까 두려워하고 무기력하다고 생각하지 말고 있는 그대로의 세상을 품어 안아야 합니다.

타인의 고통 앞에 무관심한 삶은 우리가 할 수 있는 선택이 아닙니다. 우리는 그 누구도 삶의 길가에 머물도록 내버려둘 수 없습니다. 우리는 인간의 고통을 접하면 분노하고 우리의 안락한 고립에서 벗어날 때까지 변화되어야 합니다. 이것이 존엄성의 의미입니다.

예수님께서는 "가서 너도 그렇게 하여라"(루카 10,37) 하시며 도움이 필요한 사람에게 가까이 다가가라 당부하셨습니다. 우리는 도와줄 이웃이 있다고 말하는 것이 아니라 우리가 먼저 다른 이들의 이웃이 되어야 합니다. 바오로 성인은 "기뻐하는 이들과 함께 기뻐하고 우는 이들과 함께 우십시오."(로마 12,15)라고 말씀하셨습니다. 이러한 마음을 가질 때 비로소 다른 이들을 자신과 동일시 할 수 있습니다.

인간은 자기 자신을 아낌없이 내어줄 때 살아가고 발전하며 충만에 이를 수 있도록 만들어졌습니다. 자기 자신에게서 벗어나 다른 이들을 향해 나아갈 때 모든 이의 마음속에 따뜻한 형제애가 만들어집니다.

1

먼저 이웃되기

성서를 읽는 것은 끊임없는 소통의 과정입니다. 우리는 그 안에서 하느님께서 우리에게 하시는 말씀에 귀 기울이고, 그 말씀을 행하기 위해 무엇을 해야 하는지 끊임없이 성찰합니다. 우리는 지금 여기에서 우리가 잃어버린 것, 그리고 회복해야 할 많은 것에 관해 성경을 통해 그 의미와 가치를 배울 수 있습니다.

말씀이 사람이 되셨음에도 불구하고 우리는 아직도 그 말씀을 알아듣지 못하니, 사람이 되신 말씀처럼 참 사람이 되는 길은 그리하여 말씀과 함께 말씀처럼 사는 길은 저기 보이는 저 고개만 넘으면 내 눈 앞에 펼쳐지려나? 이 글자들이 종이를 박차고 뛰쳐나와 우리의 삶으로 뛰어드는 광경을 마음속에 그리며 빙긋이 웃어본다. 말씀이 우리와 함께 노래하고 우리가 말씀과 함께 어울려 춤추는 광경을.

최승정 베네딕토 신부님의 성서강의 내용 중에서

우리는 창세기 전반을 통한 하느님의 창조 계획을 보며 감탄과 경이로움의 경지를 넘어섭니다. 그분께서는 수천 년 전부터 지금까지 우리의 모든 삶을 꿰뚫고 우리가 어떻게 될 줄 다 알고 계십니다.

우리가 여전히 인정을 갈구하고, 무엇이든 잘 하고 싶고, 이기고 싶고, 잘 보이고 싶은 사랑을 갈구하는 존재라는 것을 잘 알고 계십니다. 그리고 못된 우리의 습성이 결코 쉽게 변하지 않을 것이라는 것도 다 알고 계십니다. 그럼에도 불구하고 우리 곁에서 늘 사랑과 용서로 우리를 돌보고 계십니다.

> 주님께서 아브람에게 말씀하셨다.
> "네 고향과 친족과 아버지의 집을 떠나 내가 너에게 보여줄 땅으로 가거라.
> 나는 너를 큰 민족이 되게 하고, 너에게 복을 내리며, 너의 이름을 떨치게 하겠다.
> 그리하여 너는 복이 될 것이다."
>
> (창세 12,1-3)

하느님께서는 아브라함에게 복을 주시어 이름을 떨치고, 그의 이름은 남에게 복을 주는 이름이 될 것이라 하셨습니다. 복의 통로가 된다는 것은 어떤 것일까요? 우리가 누군가의 복의 통로가 된다는 것은 누군가에게 먼저 이웃이 된다는 것을 의미합니다. 사실 아브라함의 삶은 대부분 거주할 땅을 얻지 못하고 나그네 신세로 떠도는 고단한 과정이었습니다. 하지만 아브라함은 죽는 순간까지 하느님의 축복을 믿었고, 이를 전했으며 그대로 후손들에게 이루어졌습니다.

창세기는 장자권과 축복을 통한 가정의 창조 이야기를 풀어갑니다. 신약도 마찬가지로 예수님의 가정 이야기를 통해 구원의 이야기를 시작합니다. 이렇듯 가정은 오랜 시간 모든 근본적인 책임을 지닌 곳이었습니다. 가정은 우리 삶의 중심이며 일차적인 배움의 장소였습니다. 하지만 이것이 오늘날에도 의미가 있을까요?

가정 안에서 우리는 사랑을 배우고 함께 나누고 서로를 돌볼 줄 아는 가치를 배웠습니다. 원하는 것을 갖기 위해 인내할 수 있어야 하고, 차례가 올 때까지 기다리며, 양보하고 나눌수록 더 많은 것을 얻게 된다고 배웠습니다. 가끔은 가질 수 없는 것을 욕심내다 호되게 혼나기도 했습니다. 이렇듯 가정은 인내와 기다림, 그리고 사랑을 통해 형제애와 공동체의 삶을 배우는 중요한 장소였습니다.

> 가정은 사랑과 형제애, 공동생활과 나눔, 다른 이들에 대
> 한 관심과 배려의 가치를 배우고 전달하는 첫째 자리입
> 니다. … 자유, 상호 존중, 연대의 가치는 어린 시절부터
> 전달될 수 있습니다.
>
> 「모든 형제들」 [114]

한국의 출산율은 2021년 기준 1.1명으로 2년 연속 전 세계 최하위를 기록했습니다. 아이를 출산한다 해도 한두 명인 경우가 대부분입니다. 이렇게 귀하게 태어난 아이들은 부모의 기쁨이자 삶의 전부가 됩니다. 태어나는 순간부터 부모들은 최고로 행복한 아이로 키우겠다고 다짐합니다. 아이가 좋은 것만 보고, 좋은 것만 먹고, 좋은 것만 누리도록 최선을 다합니다.

그렇지만 부족함 없이 최고로 자라난 아이는 어느새 받고 누리는 사랑에만 익숙해집니다. 인내하며 나누고 함께하는 사랑은 배우지 못했습니다. 결핍이 없는 삶은 결코 행복할 수 없습니다. 주어진 풍요가 당연하기 때문입니다. 결핍이 오는 순간 그것은 타인을 향한 분노와 원망, 그리고 주저 없는 폭력으

로 폭발합니다. 이기적 사랑만을 배운 아이들에게 사랑과 나눔, 다른 이들에 대한 관심과 배려, 상호 존중의 가치는 교육을 통해 따로 배워야 할 특별한 가치가 되었습니다.

> 사람이 자기 자신에게서 벗어나 다른 이들을 향할 때에 사랑은 모든 이의 마음속 깊이 유대감을 만들고 존재의 폭을 넓혀줍니다. 우리는 사랑을 위하여 만들어졌고, 우리 모두에게는 자기 자신 밖으로 나가 다른 사람 안에서 존재의 성장을 찾는 일종의 '탈아'의 법칙이 있습니다.
>
> 「모든 형제들」 [88]

바오로 성인은 그들만의 고립된 집단을 이루려는 유혹에 빠진 제자들에게 "서로 그리고 다른 모든 사람을 향한 사랑"을 지니라고 말씀하셨습니다. 서로의 고립과 분열을 중단하고 서로를 연결시킬 수 있는 힘은 사랑입니다. 사랑은 한 사람의 삶이 가치 있는 것인지 아닌지를 판단하는 기준이 됩니다.

있는 그대로 다른 사람을 향한 사랑은 내 아이, 내 부모, 내 가정 등 나 중심적인 이기적 사랑을 넘어 서로를 관계 맺게 해줍니다. 이처럼 서로 복의 통로가 되어 먼저 이웃이 될 때 우리는 열린 형제애를 가능하게 만들 수 있습니다.

눈에 보이는 자기 형제를 사랑하지 않는 사람이

보이지 않는 하느님을 사랑할 수는 없습니다.

(1요한 4,20)

"그리하여 너는 복이 될 것이다."

(창세 12,3)

2

진정한 용기와 참된 화해

내가 이렇게 하는 것은 여러분과 그들이
마음에 용기를 얻고 사랑으로 결속되어,
풍부하고 온전한 깨달음을 모두 얻고
하느님의 신비 곧 그리스도를 아는
지식을 갖추게 하려는 것입니다.

(콜로 2,2)

죄를 저지른 카인은 표면적으로는 그럴 만한 이유가 있었습니다. 하느님께서 아벨과 그의 예물은 반기고 카인과 그의 예물은 반기지 않은 것입니다. 하느님의 차별은 카인의 분노를 일으켰고 결국 살인에까지 이르렀습니다. 차별이란 차등을 두어 구별하는 행위입니다.

그렇다면 과연 하느님께서 차별의 마음으로 카인의 예물을 반기지 않으신 걸까요? 그럴 리 없습니다. 그 상황을 차별로 여기고 분노한 것은 오롯이 카인의 감정인 것입니다. 의도적으로 차별하는 것은 명백한 잘못이지만 의도와 상관없이 차별을 느끼는 것 또한 슬픈 일입니다. 만약 카인이 차별을 당한다고 생각하지 않고, 자신을 돌아보고 성찰했다면 결과는 달라지지 않았을까요.

'내가 이렇게 정성들여 풍성하고 좋은 제물을 바쳤는데 하느님께서는 왜 받지 않으신 걸까? 나는 최선을 다했지만, 최선의 기준이 달랐던 걸까? 제물이 아닌 내 믿음에 문제가 있었던 걸까?'

혼자서 고민하지 말고 하느님께 직접 여쭤봤으면 어땠을까요? 아벨과 대화를 통해 화해를 시도했다면 어땠을까요? 답답하고 안타까운 마음에 이런저런 생각을 해봅니다.

쉽지 않겠지만 오늘날을 살아가는 카인들에게 필요한 것은 진정한 용기와 참된 화해입니다. 좌절을 딛고 다시 도전하는 것만이 용기가 아니라 상황을 인정하고 받아들이는 것 또한 아름다운 용기입니다. 이때 갈등은 화해를 위해 꼭 필요한 과정입니다.

실패가 지속적인 좌절과 패배가 아닌 새로운 도전으로 이어지기 위해서는 자신이 처한 상황을 당당하게 인정하는 용기가

필요합니다. 이 시대의 많은 카인들이 좌절에 빠져 하느님을
원망하고, 상대방을 증오하며 힘든 시간을 되풀이하지 않고
자신의 상황을 인정하고 다시 새롭게 시작하길 바라는 마음입
니다.

참다운 화해는 갈등을 피하지 않습니다. 참다운 화해는
오히려 갈등 속에서 대화와 투명하고 성실하고 인내로
운 협의를 통하여 갈등을 극복함으로써 얻어지는 것입
니다.

『모든 형제들』 [244]

3
희망의 끈

우리는 힘든 현실에도 불구하고 다시 새로운 희망을 가져야
할 때입니다. 담대한 희망의 끈을 잡고, 우리는 세상의 정의와
사랑에 대한 열망을 간직해나가야 합니다.

영화 〈다크 워터스〉는 환경문제를 둘러싸고 대형 로펌 출신
의 변호사인 주인공 롭 빌럿과, 세계 최대의 화학기업 듀폰 사
이에서 벌어지는 법정 투쟁을 다룬 영화입니다. 빌럿은 듀폰이
독성 폐기물질PFOA을 무단으로 유출하고 있다는 사실을 폭로
하면서 자신의 모든 것을 걸고 외로운 싸움을 시작합니다.

듀폰은 PFOA의 위험성을 알고 충분히 알고 있었음에도 불
구하고 지속적으로 PFOA를 사용하는 것은 물론 무단 방류함
으로써 지역 주민들의 건강과 생명에 커다란 위협을 초래했습
니다. 게다가 그런 사실을 40년 넘게 은폐했을 뿐 아니라 자사
제품의 환경오염 가능성도 전면 부인하는 뻔뻔한 거짓말을 했

습니다.

현대를 살아가는 우리의 삶에서 기술의 공헌은 위대할뿐더러 대단히 중요합니다. 하지만 이러한 기술은 경제적 자원들을 갖고 있는 이들에게 세상에 대한 지배권을 내어주었습니다. 게다가 이들은 우리의 경제적·정치적 삶을 지배하려는 경향이 있습니다. 이제 이들의 힘은 감당하기 힘들 만큼 커져서 마치 괴물처럼 느껴지기도 합니다.

우리가 마땅히 지켜야 할 진리와 가치가 더 이상 소중히 여겨지지 않을 때 강자들은 아무런 저항 없이 횡포를 부리게 되고, 약자들은 더 가난해지고 목소리를 내지 않게 됩니다. 영화 속에서 대기업 듀폰은 지극히 합법적인 세상의 제도를 이용해 명백한 증거조차도 무력하게 만들어버립니다.

영화는 돈과 권력이 진실을 이기는 모습을 생생하게 보여줍니다. 그렇지만 20년 넘게 홀로 외롭게 싸웠던 빌럿의 헌신은 결국 결실을 거둡니다. 영화는 2017년, 빌럿이 듀폰을 상대로 총 8천억 원의 배상금 판결을 받아내는 승리를 거두는 것으로 막을 내립니다.

선과 사랑, 정의와 연대는 단번에 이뤄지는 것이 아닙니다. 매일 매일 조금씩 이뤄나가야 합니다. 우리의 많은 형제자매들이 여전히 우리의 관심을 촉구하며 울부짖는 상황을 모른 척하고 있으면서, 과거에 이뤘던 것에 안주하고, 현실에 만족하며 과거의 성취를 누리는 것으로는 이룰 수 없습니다.

「모든 형제들」 [11]

어둠은 빛을 이겨본 적 없지만, 빛이 비치기까지 과정은 늘 혹독하고 치열했습니다. 영화는 빌럿이 진실을 밝히고 정의를 실현하기까지 걸린 20년의 길고도 혹독한 세월을 담담하게 보여줍니다.

빌럿이 힘든 상황에서도 계속 싸울 수 있었던 힘의 원천은 바로 희망이었습니다. 그는 사람들이 진실을 알게 된다면 모든 것이 달라질 것이라는 희망의 끈을 놓지 않았습니다. 우리가 살아가는 이 세상을 돌봐야 하는 것은 우리 스스로를 돌보는 의무이자 책임이기도 합니다. 우리의 삶은 역사적 사건마다 용감하게 자신의 길을 걸어온 많은 평범한 사람들의 용기와 헌신을 통해 지탱됩니다.

HEALTH RISKS of
PFOA CHEMICALS
IN YOUR HOUSE

"이 세상에 아직도 'PFOA'가 존재하고, 인류의 99%가 이미 중독됐다."

롭 빌럿Rob Bilott, "그는 여전히 싸우고 있다!"

4

생태적 회심

"저녁이 되었다. 이렇게 우리가 들은 복음은 시작됩니다."

이것은 코로나19 상황이 전 세계로 확장되던 2020년 3월 27일, 프란치스코 교황이 들려주신 '인류를 위한 특별 기도와 축복'의 첫 구절입니다. 곧 끝날 것 같았던 저녁은 여전히 지속되고 있고, 금세 올 것 같던 아침은 아직도 희미합니다. 빛을 보기 위해 우린 얼마나 더 기다려야 할까요? 이 오랜 어둠 속에서 얼마나 더 무기력해져야 할까요? 이제 우리는 다시 행복해지기 위해 우리가 사는 세상을 지금까지와는 다른 아주 새로운 관점으로 바라볼 필요가 있습니다.

보건 위기가 지난 뒤에 최악의 반응은 열광적 소비주의와 새로운 형태의 이기적 자기 보호에 더욱더 빠져드는 것입니다.
『모든 형제들』 [35]

감염병의 확산이 불러온 고통, 불확실성, 두려움, 자기 한계의 인식은 우리의 존재 의미를 다시 생각하는 기회가 되기도 합니다. 우리가 그동안 자연에 준 피해가 결국 우리의 횡포에 대한 대가라고 말하는 것만으로는 충분하지 않습니다. 이제 우리는 이웃에 대한 관심의 영역을 자연으로 확장해야 합니다. 포르투갈 주교들은 지구는 각 세대가 빌려 쓰는 것으로 다음 세대에 넘겨주어야 하는 것이라 가르치셨습니다. 누군가는 자연을 살리기 위해 자기 것을 포기하는 한편, 누군가는 자신의 이익을 지키기 위해 끊임없이 자연과 생태계를 파괴하고 있습니다.

> 최근 감염병의 확산으로 우리는 두려움 속에서도 자신의 목숨을 던져 응답한 수많은 길동무들을 다시 한 번 알아보고 감사할 수 있었습니다. 우리의 삶은 우리 공동 역사의 결정적 사건들을 용감하게 써내려온 평범한 사람들과 함께 엮여 있고 그들을 통하여 지탱된다는 사실을 우리는 인식할 수 있습니다.
>
> 『모든 형제들』[54]

프란치스코 교황은 2015년에 발표한 회칙 『찬미 받으소서』

에서 환경 문제와 지구온난화로 인한 기후변화의 위기를 다루었습니다. 회칙은 지구생태계의 위기에 경종을 울리며, 이에 대처하기 위해 우리 모두 새로운 삶을 향해 변화할 것을 촉구했습니다.

『모든 형제들』에서도 32-36항을 통해 '코로나19 감염병의 전 세계 확산과 역사상 또 다른 재앙들'을 다루며 『찬미 받으소서』에서 다루었던 문제들을 다시 한 번 강조하고 있습니다. 그 시작점은 '새로운 생활 습관을 추구하는 것'이며, 동기 부여와 교육의 과정 없이 변화는 불가능하다고 했습니다. 『찬미 받으소서』는 핵심어로 '온전한 생태학'을 언급했습니다. 또한 이를 위해 우리를 '생태적 회심'으로 초대했습니다.

우리는 생태 신학을 큰 흐름 안에서 그리스도교의 윤리라는 틀 안에서 이해할 수 있습니다. 최승정 신부님은 〈성경과 생태 신학〉 강의에서 이를 설명하고 계십니다. 그리스도인이라면 적어도 매일의 삶 속에서 선택을 해야 할 때 그것이 '공동선'에 부합하는지, 그것이 하느님 백성 안에서 '연대'하는 모습인가를 숙고해야 한다고 했습니다.

'공동선'은 우리가 살고 있는 이 사회가 각자의 존엄성을 실현하기 위해 어떤 역할을 하고 있는지, '연대'는 우리가 삶 안에서 돌보고 아껴야 할 존재들에 관해 우리의 사랑과 자애를 어떻게 나타내고 있는지에 따라 나타난다고 했습니다.

『모든 형제들』에서도 많은 이들이 물을 풍족하게 사용할 수 있지만 인류 가족을 위하여 물을 아끼는 일상의 행동이 이러한 가치들을 훌륭하게 수행하는 것이라 했습니다. 또한 이 회칙의 부제 '공동의 집을 돌보는 것에 관하여On care for our Common Home'를 통해 우리는 생태적 회심을 위해 우리가 가져야 할 기본적인 마음가짐을 엿볼 수 있습니다.

첫째, 인간의 집이 아닌 "공동의 집"이라 말하고 있습니다. 이는 이곳이 단지 인간이 아닌 하느님께서 창조하신 모든 피조물이 함께하는 곳임을 나타냅니다. 둘째, 집을 상징하는 'home'은 단순한 공간의 차원을 넘어 눈에 보이는 것 이상의 서로를 아끼고 돌보며 관계 맺는 곳으로서의 추상적 의미 또한 내포하고 있음을 알 수 있습니다. 마지막으로, 돌보는 것은 치료 혹은 처방을 넘어 근본적인 치유를 말하고 있음을 알 수 있습니다.

심각한 기후 문제인 지구 온난화 혹은 탄소배출에 관한 해결책을 찾아 문제를 해결하는 것이 그 목적이 아닙니다. 그 모든 문제를 촉발시킨 근본적인 원인을 찾고 이를 어떻게 해야 하는지에 관한 우리의 태도에 관해 말하고 있는 것입니다.

우리는 우리가 살고 있는 환경과 우리 자신으로부터 자연을 분리할 수 없습니다. 인간의 생태 또한 '가난한 이들을 위한 우선적 선택'을 기초로 한 '공동선' 개념으로부터 분리될 수 없다고 했습니다. 이를 위해 두 가지 기도를 바치기를 제안하고 있습니다. 하나는 창조주 하느님을 믿는 모든 이와 함께 드릴 수 있는 기도이고, 다른 하나는 우리 그리스도인들이 피조물에 대한 책임을 받아들이도록 청하는 기도입니다.

우리의 지구를 위한 기도

전능하신 하느님,
하느님께서는 온 세계에 계시며
가장 작은 피조물 안에 계시나이다.
하느님께서 존재하는 모든 것을 온유로 감싸 안으시며
저희에게 사랑의 힘을 부어주시어
저희가 생명과 아름다움을 보살피게 하소서.
또한 저희가 평화로 넘쳐
한 형제자매로 살아가며
그 누구에게도 해를 끼치지 않게 하소서.

"저희를 돌풍의 회오리 속에 버려두지 말아주시옵소서."

2020년 3월 27일,
성 베드로 광장에 홀로 선 교황 프란치스코

오, 가난한 이들의 하느님,

저희를 도와주시어

저희가 하느님 보시기에 참으로 소중한 이들,

이 지구의 버림받고 잊힌 이들을 구하게 하소서.

저희 삶을 치유해주시어

저희가 이 세상을 훼손하지 않고 보호하게 하시며

오염과 파괴가 아닌 아름다움의 씨앗을 뿌리게 하소서.

가난한 이들과 지구를 희생시키면서

이득만을 추구하는 이들의 마음을 움직여주소서.

저희가 하느님의 영원한 빛으로 나아가는 여정에서

모든 것의 가치를 발견하고

경외로 가득 차 바라보며

모든 피조물과 깊은 일치를 이루고 있음을 깨닫도록

저희를 가르쳐주소서.

하느님, 날마다 저희와 함께해주시니 감사하나이다.

비오니, 정의와 사랑과 평화를 위한 투쟁에서

저희에게 힘을 주소서.

『찬미 받으소서』 246항

5

좋은 어른

드라마 〈나의 아저씨〉에서 우리는 좋은 어른의 모습을 봅니다. 그리고 '나는 과연 좋은 어른일까?'라는 질문을 던지게 됩니다. 작가는 이 드라마 기획의도를 다음과 같이 말합니다.

> 사람에게 감동하고 싶다. 요란하지 않지만 인간의 근원에 깊게 뿌리 닿아 있는 사람들. 여기 아저씨가 있다. 우러러볼 만한 경력도, 부러워할 만한 능력도 없다. 그저 순리대로 살아갈 뿐이다. 그러나 그 속엔 아홉 살 소년의 순수성이 있고, 타성에 물들지 않은 날카로움도 있다. 인간에 대한 본능적인 따뜻함과 우직함도 있다. 우리가 잊고 있었던 인간의 매력을 보여주는 아저씨. 그를 보면 맑은 물에 눈과 귀를 씻은 느낌이 든다.
>
> 〈나의 아저씨〉 기획의도 중에서

드라마 속 주인공 동훈은 파견직 아르바이트생인 지안의 힘든 사정을 공감하며 도와주려 애를 씁니다. 그의 마음은 사람이 사람에게 가져야 할 기본 가치인 연민에서 비롯합니다. 그는 힘든 사람을 보면 마음 아파하고 먼저 손을 내미는 따뜻한 마음을 지녔습니다.

우리는 타인을 볼 때 그 사람의 단편적인 면만을 보기 쉽습니다. 하지만 동훈은 단편적인 모습으로 지안을 섣불리 판단하지 않았습니다. 오히려 그녀의 삶을 이해하고 편견 없이 받아들입니다. 동훈 또한 고단한 삶의 무게를 버티며 살아가지만 그들은 서로를 위로하고 삶의 상처를 치유하며 함께 성장합니다.

나이와 책임감만으로 어른이 된 상처투성이 지안은 평생 사람에 대한 사랑과 믿음이 없는 경직된 삶을 살았습니다. 이런 지안에게 동훈은 완벽하진 않지만 진심으로 어른이 되는 과정을 가르쳐줍니다. 지안은 평생 자기를 괴롭히며 좋아했던 악독 사채업자 광일이를 생각하며 담담하게 말합니다.

"착했던 애에요. 나한테 잘해줬고 걔네 아버지가 나 때리면 말리다가 대신 맞고 그땐 눈빛이 지금 같지 않았어요. 걘 날 좋아했던 기억 때문에 괴롭고 난 걔가 착했던 기억 때문에 괴

인간은 다른 사람에게
진심으로 자신을 내어주도록 창조되었습니다.

롭고….” 이 둘의 이야기를 듣고 있는 동훈이 말한다. “어른 하나 잘못 만나서 둘 다 고생이다.”

둘의 대화를 도청하던 광일이는 비로소 눈물을 흘립니다. 태어나 처음 위로란 것을 받았습니다. 절대로 그럴 일 없을 것 같았던 악랄한 사채업자도 진심에 흔들린 것입니다. 선한 마음을 가진 어른의 진심과 위로는 이렇게 한 사람 또 한 사람의 세상을 변화시켰습니다.

오늘날 우리는 이웃을 위해 어떻게 울어야 할지 잊어버렸습니다. 무관심이 우리에게서 슬퍼하는 마음을 없애버린 것입니다. 차바우나 신부님은 사랑의 반대말은 증오가 아니라 무관심이라고 했습니다. 사랑하지 않는 것은 미워하는 것이 아니라 적극적으로 보려고 하지 않는 마음이라 했습니다. 이는 그 사람이 악하거나 하느님을 사랑하지 않아서가 아닙니다. 선한 마음으로 하느님을 믿으면서 막상 나의 이웃에 대해서는 관심이 없기 때문입니다.

『모든 형제들』은 관계를 통한 사랑의 의미에 관해 많은 가르침을 주고 있습니다. 다른 사람에 대해 애정을 가지면 자유롭게 상대방의 선을 추구하게 되며, 이는 존중감에서 비롯된다고 했습니다.

사랑받는 존재는 나에게 귀한 사람입니다. 나는 그 사람이 커다란 가치를 지닌다고 여기는 것입니다. 한 사람을 상대방 마음에 드는 사람이 되게 해주는 바로 그 사랑 때문에, 상대방은 그에게 거저 베풀게 됩니다.

『모든 형제들』 [93]

이렇게 서로를 향해 진심으로 열린 마음이 될 때 우리는 아무도 소외되지 않는 사회적 사랑인 형제애로 나아갈 수 있습니다. "인간은 다른 사람에게 진심으로 자신을 내어주도록 창조되었다"고 했습니다. 다른 사람과 진심으로 소통할 때만 자신과도 소통할 수 있습니다. 다른 사람과 관계 맺지 않고서는 인생의 참 아름다움을 경험할 수 없는 것입니다.

진정성 있고 성숙한 사랑은 관계를 통해 성장하는 마음에서 깊게 뿌리 내릴 수 있습니다. 누군가에게 복의 통로가 되어주고, 좋은 어른이 될 수 있는 것 또한 그 마음에서 비롯되는 것입니다.

6

Be the miracle

영화 〈브루스 올마이티〉를 보신 적이 있나요? 주인공 브루스는 어느 날 자신에게 전지전능한 힘이 생겼다는 사실을 알게됩니다. 그러자 그 힘을 오로지 자신의 이익만을 위해 씁니다. 미워하던 상대방을 골탕 먹이고, 자신이 하고자 하는 일을 미리 계획하며 승승장구합니다.

자신의 힘으로 사람들의 소원을 몽땅 이루어주지만, 시간이 지날수록 세상은 엉망진창이 되어갑니다. 기적 같은 일들을 경험할수록 행복은 멀리 달아나고, 세상은 온통 혼란에 빠지고 맙니다. 이런 일들을 겪으면서 그는 조금씩 변합니다. 그렇게 그는 일상 속 가까운 곳에 있는 기적을 찾으며 성장해갑니다.

이런 그에게 신은 "사람들은 자신이 원하는 게 뭔지 제대로 알고서 소원을 비는 걸까?" 하고 질문을 던집니다. 그리고 진짜 기적의 의미에 관해 얘기합니다.

"두 가지 일로 허덕이는 미혼모가 아이를 축구 수업에 보내려고 없는 시간을 짜내는 것이 기적이야. 10대가 마약 대신 학업에 열중하면 그게 기적이야. 사람들은 기적의 능력을 갖고서도 그걸 잊고 나한테 소원을 빌어."

영화는 우리 주변의 기적은 그리 멀지 않은 곳에 있다고 말합니다. 기적은 우리 곁에 항상 존재했지만, 우리가 발견하지 못하고, 드러내지 못했을 뿐입니다.

기적을 보고 싶나? 그럼 자네 스스로 기적을 만들어봐.

〈브루스 올마이티〉 중에서

고통 받는 이웃을 보며 외면하지 않고, 그들에게 다가가 먼저 이웃이 되는 일, 그것이 일상에서 우리가 먼저 기적이 되는 일입니다. 『모든 형제들』에서도 나에게 이웃이 누구인가를 생각하기 전에 우리가 먼저 이웃이 되어야 함을 얘기하고 있습니다. 영화에서처럼 두 가지 일로 허덕이는 미혼모를 도와주거나, 10대가 마약에 빠지지 않도록 애써주는 작은 마음이 곧 우리 삶에 커다란 기적으로 이어질 것임을 믿습니다. 혼자라면 불가능한 일이 함께하기에 가능해집니다.

저는 더 이상 내게 도와줄 이웃이 있다고 말하지 않고,
저 자신이 다른 사람의 이웃이 되어야 한다고 말하겠습
니다.

「모든 형제들」 [81]

또 다른 영화 〈에반 올마이티〉에서 주인공 에반의 가족은
세상을 바꿀 변화를 꿈꾸며 더 크고 멋진 새 집으로 이사를 합
니다. 새 출발을 하며 아내 조앤은 가족이 화목하게 더 가까워
지길 기도하고, 에반은 세상을 바꾸게 해달라고 기도합니다.
  그렇지만 예기치 못한 여러 상황들로 인해 위기가 발생하자
조앤은 몹시 힘들어합니다. 그런 그 앞에 신이 나타나 말씀하
십니다.

누가 인내를 달라고 기도하면 신은 그 사람에게 인내심
을 줄까요? 아니면 인내를 발휘할 수 있는 기회를 주시
려 할까요? 용기를 달라고 하면 용기를 주실까요? 아니
면 용기를 발휘할 수 있는 기회를 주실까요? 만일 누군
가 가족 간의 더 가까워지는 사랑을 기도하면 하느님이
뿅 하고 따뜻하고 보송보송한 기분을 느끼게 해줄까요?
아니면 서로 사랑할 수 있는 기회를 마련해주실까요?

그렇습니다. 우린 늘 무언가를 간절히 원하며 기도하지만 막상 내가 원하는 방식, 내가 원하는 결과가 아니면 이루어진 것이 없다고 불평하고 신을 원망합니다. 신은 끝없이 우리를 초대하고, 끝없이 기회를 주시지만 우린 언제나 외면하고 내 뜻대로 내 방식대로 세상을 보고 판단하는 어리석음을 범합니다.

영화에서 세상을 바꾸고자 하는 에반의 기도에 대해 신은 또 이렇게 말합니다.

세상을 바꾸는 것이 뭘까?
임의로 하는, 조건 없는 작은 행동

우리가 기억해야 할 한 가지 중요한 사실은 세상을 바꾸는 힘은 거창한 계획이나 대단한 실천이 아니라는 것입니다. 내가 중심이 되는 평범하고 작은 실천입니다. 바로 지금 여기에서 내가 아무것도 하지 않으면 아무것도 바뀌지 않습니다. 하지만 지금 내가 무언가를 하면 적어도 그만큼은 바뀌는 것입니다. 세상을 바꾸기 위해 필요한 숫자는 한 명입니다.

큰 슬픔을 헛되게 하지 않고, 우리가 새로운 생활 방식을 향하여 도약하게 해주기를 바랍니다. 또한 우리가 서로

"우리는 그들에게 우리 것이 아니라

본래 그들의 것을 되돌려주는 것입니다."

를 필요로 하고 서로에게 빚지고 있다는 것을 발견하기를 바랍니다. 그리하여 우리가 만든 장벽을 뛰어넘어 모든 얼굴과 모든 목소리를 아우르는 인류 가족이 재탄생할 수 있습니다.

「모든 형제들」 [35]

인간의 존엄성

.

소설 〈레미제라블〉의 주인공 장발장은 빵 한 조각을 훔친 죄로 19년 동안 감옥에 갇혀 있어야 했습니다. 세상에서 버려진 그는 점점 더 어둡고 잔인한 사람으로 변해갔습니다. 그는 도둑질은 잘못한 행위지만 그것이 과연 자기 한 사람만의 잘못인지 세상을 향해 물었습니다.

그는 아무리 애를 써도 일자리를 구할 수 없었고, 결국 죄를 저지른 후 자백했지만 그에게 내려진 벌은 가혹하고 지나쳤습니다. 그는 자신을 그렇게 만든 사회를 스스로 심판했고, 그런 세상을 만든 하느님도 심판했습니다. 감옥에서 나온 후 그는 마을로 들어와 물 한 모금만 달라고 애원했지만 아무도 그의 바람을 들어주지 않았습니다.

"제발 물 한 컵만이라도" 하면서 매달리듯이 애원하는 여행

객의 눈앞에서 창문은 거칠게 닫히고 빗장을 지르는 소리가 차갑게 울려 펴졌습니다.

<레미제라블> 중에서

　이웃사람들의 냉혹한 태도에 분노하는 그는 유일하게 자신을 따뜻하게 대해주었던 미리엘 주교를 배신하기에 이릅니다. 그가 은그릇을 훔쳐 달아난 후 한 부인이 장발장의 짓이 틀림없다고 하자 미리엘 주교는 이렇게 말합니다.
　"부인, 내 잘못으로 오랫동안 은그릇을 우리가 갖고 있었소. 그것은 가난한 사람들의 것이오. 그 사나이는 가난한 사람임에 틀림없는 것 같소."
　후에 경찰에 잡혀온 장발장을 보면서 주교는, 그가 은그릇을 훔치지 않았으며 은촛대를 미처 주지 못했다며 손수 건넵니다. 그리고 장발장을 향해 이렇게 당부합니다.
　"은을 판 돈은 후에 당신이 정직한 인간이 되기 위한 일에 쓰겠다고 나에게 약속했던 일을 결코 잊어버려서는 안 되오. 내 형제인 장발장이여, 당신은 이제 악에 사는 것이 아니라 선에 사는 것이오."

　"부인, 내 잘못으로 오랫동안 은그릇을 우리가 갖고 있었소.

그것은 가난한 사람들의 것이오. 그 사나이는 가난한 사람임에 틀림없는 것 같소.”

몇 번을 다시 읽어도 감동이 전해지는 미리엘 주교의 말씀은 『모든 형제들』에도 잘 묘사되고 있습니다.

> 요한 크리소스토모 성인은 다음과 같이 요약합니다. “우리의 부를 가난한 사람들과 나누지 않는 것은 그들의 것을 강탈하고 그들의 일용할 것을 빼앗는 것입니다. 우리가 소유한 부는 우리 것이자 그들의 소유이기도 합니다.” 대 그레고리오 성인의 말씀에 따르면, “우리가 궁핍한 사람들에게 생존에 필요한 것을 제공할 때, 우리는 그들에게 우리 것이 아니라 본래 그들의 것을 되돌려주는 것입니다.”
>
> 『모든 형제들』 [119]

미리엘 주교는 장발장에게 복의 통로가 되어주었습니다. 한 번도 이런 사랑과 용서를 받아보지 못한 장발장은 눈물로 통회하며 죄를 회개하고 새 사람으로 거듭났습니다. 미리엘 주교는 죄에 대한 처벌에만 관심을 두지 않고 그 원인을 살피고 사람을 살피며 사랑을 주었습니다. 미리엘 주교의 완전한 사랑과 용서가 없었다면 장발장은 결국 다시 감옥으로 돌아가 이전과 같은 삶을 살았을지도 모릅니다.

아브람이 부르심에 따라 아브라함으로 이름을 바꾼 후 하느님의 뜻에 따라 남은 생을 살았듯, 장발장도 마들렌으로 이름을 바꾼 후 새로운 삶을 살았습니다. 좋은 어른 미리엘 주교의 사랑은 장발장 또한 좋은 어른이 되게 해주었고, 그는 약속대로 평생 가난한 이들과 한 소녀의 인생을 위해 희생하며 아름다운 삶을 살았습니다.

1862년에 나온 장발장 이야기와 같은 사건이 오늘날에도 여전히 재현되고 있습니다. 2016년, 이탈리아 대법원이 슈퍼마켓에서 소시지랑 치즈를 훔친 한 남성에게 무죄를 선고한 일이 있었습니다. 이민자 출신의 이 남성은 슈퍼마켓에서 4.7유로의 소시지와 치즈를 훔쳤다는 죄로 체포되어 징역 6개월에 100유로(약 13만 2,400원)의 벌금을 선고받았습니다. 벌금조차 내기 어려웠던 그의 형편이 알려지면서 현지 언론에서는 그를 '장발장'에 비유하였습니다.

그 때문인지 대법원에서는 하급심 판결을 뒤집는 결정을 내렸습니다. 현지에서는 재산권보다는 생명권을 앞세운 판결이라며 대체적으로 환영하는 분위기였다고 합니다. 법률적 판단으로 보면 다소 우려되는 면도 있지만, 인간 존엄성의 측면에서 보면 감동적인 판결이라 하지 않을 수 없습니다.

이처럼 인간의 존엄성은 생명권, 행복권, 인권을 통해 지켜야 할 절대적 가치입니다. 우리는 누군가 인간의 존엄성을 지킬 수 없는 상황에 있다면 그를 도와야 합니다. 어려움에 처한 이웃의 존엄성을 지키는 것이 곧 나의 존엄성을 지키는 일이기 때문입니다.

> 우리는 이웃 존중의 가치, 모든 사람을 기쁘게 받아들일 수 있는 사랑을 삶으로 실천하고 가르쳐줄 수 있도록 노력합니다. 다른 사람의 생각과 견해와 실천이 어떠하든 심지어 죄를 지었어도 그보다는 모든 인간의 존엄이 우선하다는 것을 삶으로 보여주고 가르쳐줄 수 있도록 노력합니다.
>
> 『모든 형제들』[191]

Ⅲ 실천 가치

예수님께서는 가장 힘들고 고통 받는 소외된 사람들을 치유해주셨습니다. 이들은 버림받고 배제되어 공동체에서 쫓겨난 사람들이었습니다. 원 밖으로 밀려난 사람들을 다시 원 안으로 데리고와서 하나의 공동체를 회복하는 것이 곧 하느님 나라를 실현하는길입니다.

인간이 가진 모순과 한계 때문에 세상 밖으로 내몰리고 버려진사람들이 있습니다. 그들과 공동체 안에서 다시 연대할 때 우리는 인간적 기준에서 벗어나 원래 하느님 나라의 가치를 다시 실현할 수 있습니다.

오늘날 가난하고 힘없는 사람들, 많은 노인들과 장애인들은,자신들은 어디에도 속해 있지 않을뿐더러 참여할 곳도 없는 존재라고 느낍니다. 우리의 관심은 그들을 단순히 돌보기만 하는 것이 아니라 그들이 공동체에 소속되어 원하는 활동에 적극 참여할수 있도록 돕는 것입니다. 물론 이런 일들은 까다롭고 고됩니다.그리고 긴 여정입니다. 그러나 이 여정은 모든 이의 양심의 형성에 이바지하게 될 것입니다.

모든 인간은 품위 있는 삶과 온전한 발전에 대한 권리를 지니고 있습니다. 비능률적일지라도, 또는 한계를 지니고 태어났거나 성장의 한계를 보인다고 할지라도 인간은 이러한 권리를 지니고 있습니다. 비능률성이나 한계들은 인간으로서 지닌 위대한 존엄을 축소시키지 않습니다. 이 존엄의 기초는 환경이 아니라 인간 존재의 타고난 가치에 있기 때문입니다.

「모든 형제들」[107]

1

아가토쉬네와 베네볼렌시아, 그리고 크레스토테스

점점 혼탁해져가는 세상을 바꾸기 위해 무엇이 필요할까요? 더 이상 기아와 빈곤에 시달리지 않고, 폭력과 전쟁이 없는 건강한 세상을 만들기 위해 우리는 무슨 일을 해야 할까요? 더 이상 지구 생태계를 오염시키지 않고 올바르게 대처하려면 우리의 삶은 어떻게 바꾸어나가야 할까요?

아브라함을 부르신 하느님께서 그에게 하셨던 것과 같이 지금 나에게 모든 것을 버리고 새로운 곳으로 떠나라고 하신다면 주저 없이 응할 수 있을까 생각해봅니다. 혼인잔치에 초대받고도 아랑곳하지 않고 가지 않는 사람들처럼 핑계를 댈 수 있을까요? 새로운 삶의 방식으로 나아가기 위해 지금까지 내가 누리던 모든 것들을 과감히 포기할 수 있을까요? 이제껏 누리던 나의 편안함, 안락함, 그리고 가족이라는 든든한 울타리를 버리고 나를 부르시는 하느님만을 믿고 떠날 수 있을까요?

코로나19 같은 전 세계적인 재앙을 통해 우리는 한 사람이 감염원이 되어 모두에게 해를 끼칠 수 있으며, 이제 혼자서는 아무것도 해결할 수 없다는 사실을 깨닫게 되었습니다. 우리는 새로운 삶의 방식을 향해 함께 나아가야 할 중요한 시기에 직면하고 있습니다. 우리는 너무 오랫동안 윤리, 선, 신앙, 정직의 소중한 가치들을 잊고 지냈습니다.

> 신약성경은 성령의 열매 가운데 하나를 선의 추구를 나타내는 그리스어 '아가토쉬네 agathosyne'로 묘사합니다. 이는 나아가 다른 이들에게 가장 가치 있고 가장 좋은 것, 다른 이들의 성숙과 건강한 성장, 물질적 행복만이 아닌 가치들의 함양을 위한 노력을 의미합니다. 유사한 라틴어 표현으로는 '베네볼렌시아 benevolentia'가 있습니다. 이는 다른 이들의 행복을 바라는 태도입니다. 선에 대한 열망, 훌륭하고 좋은 모든 것에 대한 끌림, 다른 이들의 삶이 아름답고 숭고하며 유익한 것으로 가득하기를 바라는 마음을 나타냅니다.
>
> 「모든 형제들」 [112]

우리는 다른 사람들과 인류 가족 전체를 위한 선, 즉 공동선

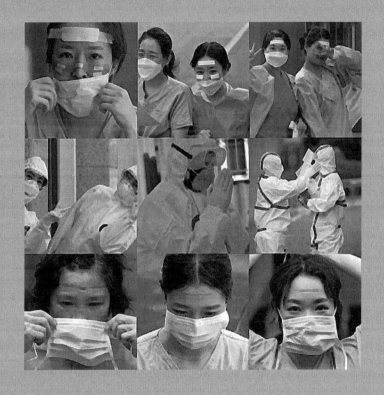

아가토쉬네agathosyne, 베네볼렌시아benevolentia, 크레스토테스chrestotes

을 추구하기 위해 함께 노력해야 합니다. 그렇게 하지 않는다면 세상은 점점 더 이기심, 폭력, 부패로 개인의 이익 추구에만 고착된 삶을 전해줄 것입니다. 이제 우리는 개인의 이익 추구에서 눈을 돌려 인류 가족 전체를 위한 방향으로, 하느님께서 인도하신 그 길로 삶의 방향을 돌려야 할 때입니다.

가까이 있는 힘든 이웃을 도와주는 작은 마음에서 출발해야 합니다. 그들을 보면 지나치지 않고 먼저 다가가 그들이 자신의 힘든 삶을 지탱할 수 있도록 함께 견뎌주어야 합니다. 상대의 고통을 비하하거나 멸시하지 않고 그의 아픔을 함께 나누고 따뜻한 마음으로 위로할 수 있어야 합니다.

> 바오로 성인은 그리스어 '크레스토테스chrestotes'로 성령의 한 열매를 언급했습니다. 크레스토테스는 가혹하고 무례하며 굳은 마음이 아니라 상대방을 지지하고 위로하는 너그럽고 상냥한 마음의 상태를 표현합니다.
>
> 『모든 형제들』[223]

2

정의와 평화

현대사회의 갈등과 대립이 심화될수록 평화를 향한 갈망은 더욱 절실해지고 있습니다. 평화의 참된 의미는 무엇일까요? 그리고 참된 평화를 실천하기 위한 방법과 조건은 무엇일까요? 이에 관한 진지한 성찰이 필요한 때입니다.

평화의 개념 자체가 워낙 다양하기 때문에 각자의 입장에 따른 개념을 설정하는 경우가 많습니다. 평화의 의미를 자의적으로 왜곡하는 경우도 있고, 평화를 이루기 위해 부적절하게 무리한 방법을 시도하는 경우도 있습니다. 따라서 이 시대, 우리의 상황에 맞는 평화의 개념과 평화의 실천 방법을 정립하는 것이 절실합니다. 평화를 내세우면서 정작 현실을 더욱 반평화적인 상황으로 만들어가기도 합니다. 예를 들면, '평화유지군'이라는 개념은 모순이 아닐까요? '평화'라는 말과 '군대'라는 말이 양립할 수 있는 개념일까요? 평화를 유지하기 위해 평화와 반대 개념인 전쟁이나 폭력(무력)의 방법을 사용하는 것이 정당화될 수 있을까요?

영화 〈피스메이커〉에는 보스니아 내전의 소용돌이 속에서 평화협상이라는 명분 아래 반평화적인 상황이 지속되고, 그에 따른 고통을 겪는 사람들의 이야기가 나옵니다. 영화 속에서 두산 가브리치라는 보스니아 외교관은 이러한 모순된 상황에 저항하기 위해 뉴욕에 있는 유엔본부에 핵폭탄을 터뜨리려고 합니다. 평소 음악을 사랑하고 지성적인 두산은 자신이 왜 폭력적인 테러를 결심하게 되었는지를 밝히며 이렇게 절규합니다.

> 서방 정부는 때로는 펜대로 때로는 총구를 들이대어 우리의 국경을 바꿔놨고 동포를 무참히 죽였다. 평화유지군이란 이유를 내세워 우리의 운명을 난도질했다. 우리에게 고통만 안겨주는 이따위 평화는 거부한다. 평화협상가들도 그 고통을 느껴야 한다.
>
> 영화 〈피스메이커〉 중에서

『모든 형제들』에서 평화는 갈등상태에 있는 소수자들을 위한 잠정적 평화가 아니기에 사회적인 요구를 무시하거나 소란을 억누르는 것에 머물러서는 안 된다고 말합니다. 다양한 과정을 통해 평화를 이루고, 복수보다 이성을 앞에 두며, 정치와 법의 조화를 이루는 방식에서 평범한 사람들의 참여를 배제할 수 없다고 했습니다. 평화로 가는 확고한 길을 내기 위해 협상도 필요하지만, 지속적인 평화로 이끄는 변화 과정은 무엇보다도 사람들이 만드는 것이라고 했습니다.

> 지속적인 평화로 나아가는 실질적인 과정들은 무엇보다도 민족들이 공들여 일구어내는 변화들로 이루어집니다. 그 안에서 개인들은 저마다 자신의 일상생활 방식에 따라 효과적인 누룩이 될 수 있습니다. … 모든 사람이 저마다 하나의 창의적인 계획을 통하여 역사의 새로운 한 장, 희망과 평화와 화해로 충만한 한 장을 써내려가는 데에 근본적인 역할을 합니다.
>
> 「모든 형제들」[231]

개인 내면의 심리적 혹은 정신적 차원의 평화 역시 많은 주목을 받고 있습니다. 현대 사회에서 살아가는 사람들의 삶의 조건은 치열한 경쟁으로 각박해졌을 뿐 아니라 타인에 대한 배려마저 점차 사라지면서 심리적 혹은 정신적 혼란으로 힘들어하는 사람도 점차 늘어나고 있습니다. 그에 따라 내면의 평화를 추구하는 경향도 또렷해지고 있습니다.

문제는 개인적 내면의 평화는 지극히 주관적인 의미와 기준을 지니고 있다는 것입니다. 예를 들어 사회적 혹은 공적인 차원의 혼란 상황과 관계없이 나만 평화롭다면 아무 문제가 없다고 생각할 수 있다는 것입니다. 과연 그런 평화가 진정한 평화일 수 있을까요?

진정한 평화의 의미는 무엇일까요? 직접적으로 평화의 의미를 떠올리는 것이 모호하게 느껴지는 경우 평화의 반대, 평화를 방해하거나 평화를 깨는 요소를 생각해보는 것이 도움이 됩니다. 평소 주변에서 목격하거나 경험하는 반평화적인 상황은 어떤 것들이 있었나요? 일상 삶에서 흔히 평화로운 상태를 깨고 갈등과 대립을 초래하는 요소들은 어떤 것이 있었나요? 어렵게 생각할 필요 없이 오늘 뉴스를 들여다보기만 해도 온통 평화롭지 않은 사건과 상황들로 가득 차 있습니다.

국가 간의 분쟁에서부터 국가 내의 정치사회적 충돌에 이르기까지, 그리고 학교와 가정 안에서 벌어지는 갈등과 폭력 등 평화와 반대되는 상황이 매일 벌어지고 있습니다. 이렇게 반평화적인 상황과 평화를 깨는 요소들을 떠올려보면 대부분 우리 주변에서 일상적으로 일어나는 구체적인 것들입니다. 따라서 평화 역시 모호하고 추상적인 것이 아니라 구체적이고 일상적인 의미를 지닙니다. 나의 삶에 직접 연관되어 있는 상세하고 현실적인 문제입니다. 평화를 이렇게 구체적이고 일상적 의미로 이해할 필요가 있습니다.

평화는 그 특성상 평상시에는 별로 의식하거나 주목하기 힘듭니다. 그러다 평화가 깨졌을 때 비로소 진정한 평화의 중요성과 의미를 주목하게 됩니다. 따라서 평화에 관해서도 자칫 소홀해지기 쉬움을 의식하면서 의도적이고 적극적인 이해와 노력이 필요합니다. 평화는 유토피아와 같이 막연한 이상이 아니며 큰일 하는 사람들만의 몫이 아닙니다. 바로 지금 내가 관심 갖고 애써야 할 문제입니다.

3

김수환 추기경이 전하는 평화

실천적 삶을 통해 평화의 의미를 제시해준 대표적 한 사람으로 우리는 김수환 추기경을 떠올립니다. 김수환 추기경은 가톨릭교회의 지도자로서뿐 아니라 우리나라 국민과 사회 전반에서도 큰 어른으로 추앙받았던 분입니다. 특히 7~80년대 격동기를 살면서 누구보다도 우리 사회의 갈등과 혼란을 진심으로 걱정하였고, 그로 인한 대립과 분쟁을 극복하고 참된 평화로 이끌기 위해 헌신한 분이십니다. 김수환 추기경이 실천적인 삶의 모습으로 보여주신 평화에 대한 가르침은 그 어떤 평화 이론보다도 살아 있는 메시지로 다가옵니다.

① 참 평화와 거짓 평화

김수환 추기경은 "우리가 심어야 할 평화는 그리스도의 평화로서 이는 세상이 주는 평화와 다르다"는 점을 강조하면서,

"세상이 주는 평화는 물리적 힘(무력이나 재화)으로 얻고 지키려는 평화"라는 점에서 참된 평화일 수 없다고 하셨습니다.

참된 평화는 마음의 평화, 진리에 살고 정의를 실천하고 사랑을 베풂으로써 이룩되는 평화입니다. 진리, 정의, 사랑이야말로 평화의 참 무기입니다. 우리가 바라는 평화는 힘에 의한 것이 아닙니다. 우리가 바라는 평화는 그리스도께서 우리에게 주시는 평화요, 그것은 그리스도의 십자가로써 얻은 평화입니다.

그렇다면 김수환 추기경이 말하는 참 평화는 구체적으로 어떤 내용을 담고 있을까요? 한 마디로 표현하면 "'인간다움'이 온전히 실현되는 상태"라고 할 수 있습니다.

우리가 모두 우리 이웃을 그 사람의 신분이나 사회적 지위 또는 민족 국가 등의 차별을 떠나서 형제로 볼 줄 알고, 그 사람의 인간 존엄성을 인정하고 사랑하면 그곳에 참된 평화가 있습니다. 인간의 기본권과 자유가 없는 평화는 평화가 아닙니다. 그것은 공포가 낳은 침묵입니다. 평화는 단지 전쟁이 없는 상태만이 아닙니다. … 이와 같은 외적인 안정을 바탕으로 한 물질적 발전과 번영이 곧 평화라고 말할 수 있습니까?

혹은 그렇다고 답할지 모르겠습니다. 그러나 비록 물질의 발전과 번영이 바람직하다 할지라도 그것이 정신의 공백과 타락을 가져오며, 가진 이와 가지지 않은 이의 갈등을 격화시키고 삶의 근본적 의미를 혼미하게 만든다면, 그래서 비인간화를 가져온다면 거기에 우리는 참된 의미의 평화가 있다고 말할 수 없습니다. … 한 사회에 사는 사람들이 서로 믿을 수 있고 서로 위하고 도울 줄 알며, 서로 존경하고 사랑할 줄 알 때에 참된 의미의 평화가 정착되어 간다고 말할 수 있습니다.

하느님이 가장 관심 있고 사랑하시는 인간이 하느님 창조의 뜻대로 존엄성을 간직하며 참된 삶, 행복과 구원을 이루는 것이 곧 참 평화입니다. 이런 의미에서 김수환 추기경의 평화 개념은 하느님의 뜻이 온전히 실현된 상태, 곧 '하느님 나라'의 실현에 해당합니다.

② 평화 실현을 위한 노력

김수환 추기경은 이러한 참 평화를 실현할 수 있는 방법으로 첫째, '사랑의 실천'을 강조합니다.

> 우리는 그리스도를 본받아 매일의 생활에서 만나는 사람들에게 말과 행동으로, 미소 하나로써 일지라도 사랑을 실천해야 합니다. 우리 하나 하나가 고통 중에 있는 사람들에게 사랑을 베풀 때, 참 평화는 증진될 것입니다. 구세주 그리스도는 바로 이 같은 인간에 대한 사랑 때문에, 특히 세상에서 인간 대접을 받지 못하는 가난하고 약한 사람들, 버림받고 소외된 사람들을 각별히 사랑하셨습니다. 그는 이들의 진정한 벗이 되고 이들과 당신을 일체화시키기 위하여(마태 25,31 이하 참조) 스스로 가난하게 태어났고, 가난하게 살고, 가난한 자로 죽기까지 하셨습니다. 이는 결코 단순한 동정이 아닙니다. 이들의 인간 존엄성이 인정되고, 이들이 사회와 세상 속에서 참으로 사랑받고 대접을 받을 때 그 사회와 세상 자체가 정녕 인간다운 인간의 사회와 세상이 될 수 있고, 또한 거기에 인류의 구원과 참 평화가 이룩될 수 있기 때문입니다.

우리 하나하나가 고통 중에 있는 사람들에게

사랑을 베풀 때, 참 평화는 증진될 것입니다 .

- 김수환

둘째, 평화 실현을 위한 노력으로서 '대화'를 강조합니다.

교황 요한 바울로 2세께서는 오늘 제16차 평화의 날 메시지를 발표하시면서 오늘의 사회와 세계가 평화를 얼마나 갈망하고 있는지를 말씀하시고, 이 평화를 위해서는 참된 대화가 필요하다고 하셨습니다. 나라와 나라 사이에, 나라 안의 여러 계층 사이에, 지도자와 국민, 노동자와 사용주 등 여러 계층 간에 진리와 정의에 입각하여 함께 공동선을 찾는 자세로 대화를 하여야 함을 강조하셨습니다. … 대화라는 것은 그 자체, 상대방을 존경하고 받아들이는 것입니다. 상대방을 향해서 나의 마음의 문을 여는 것입니다.

셋째, 평화 실현을 위한 '나눔과 베풂'도 강조합니다.

모두가 평화를 갈망하면서도 평화가 없는 것은 우리 서로 나눌 줄 모르기 때문입니다. 가진 자가 가지지 못한 자와 나눌 줄 모르고 부자 나라가 가난한 나라와 나눌 줄 모르기 때문입니다. 결국 인간이 서로 사랑할 줄 모르기 때문입니다. 우리가 참으로 서로 사랑하고 나눌 줄 안다

면, 서로 형제로 받아들이고, 서로의 잘못을 용서할 줄
안다면, 우리는 평화를 누릴 것입니다. 결국 서로 사랑하
는 것이 평화의 길입니다.

③ 현실적 평화, 일상 속의 평화

김수환 추기경이 제시하는 평화는 결코 추상적이거나 내세
적인 평화가 아닙니다. '지금 여기'에서부터 실현해야 하는 현
실적 평화, 일상생활 속의 평화입니다. 이런 맥락에서 김수환
추기경은 우리 사회가 직면해 있던 여러 정치사회 문제에 깊
은 관심을 표명했습니다.

> 이 땅의 평화는 첫째, 우리 모두의 인간다움을 위하여,
> 둘째, 국민화합과 발전을 위하여, 셋째, 이 나라의 민주
> 화와 통일을 위하여 추구해야 할 최고의 가치입니다. 정
> 치도, 경제도, 교육도, 문화도, 국방도, 종교도 이를 위해
> 있어야 하며 그것을 목표로 삼아 생각하고 활동해야 합
> 니다. 갈등과 대립과 반목이 여전히 계속되고 있는 시대
> 에 우리에게 요구되고 있는 것은 사람과 사람이 서로 믿
> 고 서로 해치지 않으며 살아가는 공동체적 생활 속의 평
> 화입니다.

4
잃어버린 양 한 마리가 전하는 평화

우리는 '잃어버린 양 한 마리의 비유'를 통해, 우리가 살고 있는 상황 속에서 진정한 평화와 연대의 의미가 무엇일지 생각해볼 수 있습니다. 우선 마태오복음을 읽고 그 안에서 오늘날을 살아가는 자신의 모습을 발견해봅시다.

> 너희는 어떻게 생각하느냐? 어떤 사람에게 양 백 마리가 있는데 그 가운데 한 마리가 길을 잃으면 아흔아홉 마리를 산에 남겨둔 채 길 잃은 양을 찾아 나서지 않느냐?
> 그가 양을 찾게 되면, 내가 진실로 너희에게 말하는데, 길을 잃지 않은 아흔아홉 마리보다 그 한 마리를 두고 더 기뻐한다. 이와 같이 이 작은 이들 가운데 하나라도 잃어버리는 것은 하늘에 계신 너희 아버지의 뜻이 아니다.
>
> (마태 18,12-14)

다음 아래 정리된 세 가지 내용에 따라 등장인물 중 하나씩
되어보면서 그들의 행동을 살펴보고 그 이유에 관해 생각합
니다.

1. 등장인물 중 하나 되어보기

   • 어떤 목자

   • 길을 잃지 않은 99마리 양들

   • 길 잃은 한 마리 양

2. 나라면 어떻게 했을지 생각해보기

   • 내가 어떤 목자라면?

   • 내가 길을 잃지 않은 99마리 양들이라면?

   • 내가 길 잃은 한 마리 양이라면?

3. 앞의 2.에서 하나를 선택한 이유에 관해 생각하기

당신은 어떤 선택을 하셨나요? 그 이유는 무엇인가요? 목
자가 된 우리는 두 가지 선택을 할 수 있습니다. 아흔아홉 마
리를 산에 둔 채 길 잃은 양을 찾아 나서기로 결정하는 경우와
그렇지 않은 경우입니다. 양을 찾아 나서기로 결정한다는 것

은 길 잃은 양 한 마리를 배제하는 사회가 되는 것을 거부하고 모두 한 공동체의 이웃으로 행동하며 공동선을 위해 한 사람들을 다시 살리려고 애쓰는 것입니다.

『모든 형제들』에서는 "모든 사람, 모든 사회단체가 참으로 집처럼 편하게 느끼는 사회가 유익한 사회"라고 말하고 있습니다. 가족 가운데 한 사람이 문제가 생기면 그 문제가 설사 그가 자초한 일이라 해도 나머지 가족이 나서서 그를 돕고 지지해줍니다. 그의 고통이 곧 가족 전체의 고통이 되기 때문입니다. 기쁨 역시 마찬가지입니다. 작은 기쁨이라도 함께 나누면 더 커지기 마련입니다. 이렇게 각자의 기쁨과 슬픔을 전체가 공유하는 것이 바로 연대입니다.

반면에 찾아 나서지 않기로 결정하는 것은 우선 자신과 남아 있는 공동체를 먼저 생각하고 불가피하게 져야 할 책임을 짊어지지 않겠다는 결정입니다.

> 고립되거나 또는 자기 자신이나 자기 이익에만 갇혀 있는 것은 결코 희망을 되찾고 쇄신을 가져오는 길이 아닙니다. 오히려 가까이 다가가는 것 그리고 만남의 문화가 희망과 쇄신의 길입니다. 고립이 아닙니다. 가까이 다가가는 것입니다. 　　　　　　　　『모든 형제들』 [30]

잃어버린 양 한 마리는 왜 무리에서 나가 길을 잃었는지 생각해봅니다. 그리고 헤매고 있는 지금 양 한 마리의 심정이 어떨지 생각해봅니다. 다시 남아 있는 아흔아홉 마리 양들이 되어 한 마리 양의 존재와 그가 처한 상황에 관해 어떻게 생각하고 있는지 생각해봅니다.

양 한 마리가 없음으로 아흔아홉 마리 양들의 공동체에 평화가 찾아왔다면, 그 평화는 진짜 평화일까요? 각자의 정체성을 잃지 않으면서도 모두를 소중히 여겨 우리를 분열시키는 것을 극복하려는 꾸준한 노력이 곧 평화를 향한 노력입니다. 이는 서로가 서로에게 속해 있다는 기본적인 소속감을 전제로 합니다.

> 연대는 간헐적인 행위 그 이상을 의미합니다. 이는 공동체와 관련하여 생각하고 행동하는 것을 의미합니다. 이는 모든 이의 삶이 소수의 재산 착복보다 우선한다는 것을 의미합니다. … 가장 심오한 의미에서 연대는 역사를 만드는 길이며, 대중운동이 실천하는 것이 바로 연대입니다.
>
> 『모든 형제들』 [116]

차바우나 신부님은 가톨릭 자살예방교육에서 홀로 있는 한 마리를 살리는 유일한 방법은 다시 무리 안으로 들여보내는 것이라 하였습니다. 연대란 조건이 아닌 필수이며 누군가에는 생존 자체일 수 있기 때문입니다. 홀로 남은 자에게는 공동체 안에 들어가는 것이 곧 생명이고 구원이며, 이것이 교회가 구원의 방주인 이유입니다. 이렇듯 교회는 더 나은 세상을 만드는 데 비켜설 수 없으며 그래서도 안 되는 것입니다.

> 꿈을 꾸게 하는, 우리 삶을 멋진 모험이 되게 하는 아름다운 비결이 여기 있습니다. 아무도 혼자서는 삶에 대처할 수 없습니다. 우리를 지탱하고 도와줄 공동체가 필요합니다. 공동체 안에서 우리는 앞을 바라보도록 서로 도움을 줍니다. … 꿈은 함께 이루는 것입니다.
>
> 『모든 형제들』[8]

5

연대와 봉사

'연대하다'의 사전적 의미는 '서로 뭉쳐 결속하다' 혹은 '공동
으로 책임을 지다'입니다. 『모든 형제들』에서는 연대의 가치
에 대해 자세히 언급하고 있습니다. 도덕적 선이며 사회적 태
도인 연대는, 개인적 회개의 열매로 교육과 양성을 책임지는
많은 사람의 헌신이 필요하다고 했습니다.

　이처럼 연대는 어떤 일을 함께하는 것조차 힘이 들고, 게다
가 책임도 져야 하고, 또 인격적 회심에 헌신까지 요구되는 가
치이니 쉽게 할 수 없는 일인 것 같습니다. 그럼에도 불구하고
우리는 왜 연대해야만 할까요? 모든 것이 와해되고 있는 오늘
날, 이를 회복하기 위해 연대는 가장 필요한 가치이기 때문입
니다.

연대는 언제나 잘 받아들여지는 단어가 아닙니다. 어떤 상황에서 연대는 감히 입에 담기 힘든 말이 되어버렸습니다. 연대는 간헐적인 관대한 행위 그 이상을 의미합니다. 이는 공동체와 관련하여 생각하고 행동하는 것을 의미합니다. … 빈곤, 불평등, 일자리와 땅과 집의 부족, 사회권과 노동권의 거부를 불러일으키는 구조적 원인들을 타파한다는 것을 의미합니다.

「모든 형제들」 [116]

연대는 우리 삶 안에서 '봉사'를 통해 구체적으로 나타납니다. 프란치스코 교황은 우리는 봉사를 통해 "가장 힘없는 이들의 구체적 눈길 앞에서 자신의 바람, 열망과 권력 추구를 내려놓는 법을 배운다"고 했습니다. 관념에 봉사하는 것이 아니라 사람에 봉사하기 때문입니다.

성남에서 노숙인 무료급식소 '안나의 집'을 운영하는 이탈리아 출신의 김하종 신부님은 그의 책 「순간의 두려움 매일의 기적」에서 프란치스코 교황님의 다음과 같은 말씀을 인용하여 연대를 통한 봉사의 기쁨을 이렇게 이야기합니다.

강은 자기 물을 마시지 않고, 나무는 자기 자신의 열매를 먹지 않으며, 태양은 스스로를 비추지 않고, 꽃은 자신을 위해 향기를 퍼트리지 않습니다. 타인을 위해 사는 것은 자연의 법칙입니다. 우리 모두는 서로를 돕기 위해 태어났습니다. 아무리 어렵더라도 말입니다. 인생은 당신이 행복할 때 좋습니다. 그러나 더 좋은 것은 당신 때문에 다른 사람이 행복할 때입니다.

『순간의 두려움 매일의 기적』 중에서

우리가 소속감과 연대의 공동체를 이루기 위해 함께 노력하지 않는다면 점점 더 많은 사람들이 고통 속에 빠지게 될 것입니다. 아무 데도 속하지 못한다는 느낌보다 더 절박한 외로움은 없습니다. 이제 우리는 소속감을 증진하고, 세대와 다양한 공동체 사이의 통합의 유대를 이뤄야만 합니다. 서로를 멀어지게 하고 무관심하게 만드는 악순환의 고리를 끊어버려야 합니다.

6

착한 사마리아인이 전하는 연대와 공감

『모든 형제들』제2장 〈길 위의 이방인〉에서는 '착한 사마리아인의 비유'에 관해 자세히 얘기하고 있습니다. 이는 종교적 신념과 관계없이 선의를 갖고 행하고자 하는 모든 사람들과 함께하는 것으로 우리 모두가 공감하는 도전이라 했습니다. 우선 우리는 루카복음을 통해 그 안에서 자신의 모습을 발견해 보고자 합니다.

어떤 율법 교사가 일어서서 예수님을 시험하려고 말하였다.
"스승님, 제가 무엇을 해야 영원한 생명을 받을 수 있습니까?"
예수님께서 그에게 말씀하셨다. "율법에 무엇이라고 쓰여 있느냐? 너는 어떻게 읽었느냐?" 그가 "네 마음을 다하고 네 목숨을 다하고 네 힘을 다하고 네 정신을 다하여 주 너의 하느님을 사랑하고 네 이웃을 너 자신처럼 사랑해야 한다 하였습니다" 하고 대답하자, 예수님께서 그에게 이르셨다.

"옳게 대답하였다. 그렇게 하여라. 그러면 네가 살 것이다."

그 율법 교사는 자기가 정당함을 드러내고 싶어서 예수님께, "그러면 누가 저의 이웃입니까?" 하고 물었다. 예수님께서 응답하셨다. "어떤 사람이 예루살렘에서 예리코로 내려가다가 강도들을 만났다. 강도들은 그의 옷을 벗기고 그를 때려 초주검으로 만들어놓고 가버렸다. 마침 어떤 사제가 그 길로 내려가다가 그를 보고서는 길 반대쪽으로 지나가버렸다. 레위인도 마찬가지로 그곳에 이르러 그를 보고서는 길 반대쪽으로 지나가버렸다.

그런데 여행을 하던 어떤 사마리아인은 그가 있는 곳에 이르러 그를 보고서는 가엾은 마음이 들었다. 그래서 그에게 다가가 상처에 기름과 포도주를 붓고 싸맨 다음, 자기 노새에 태워 여관으로 데리고 가서 돌보아주었다. 이튿날 그는 두 데나리온을 꺼내 여관 주인에게 주면서, '저 사람을 돌보아주십시오. 비용이 더 들면 제가 돌아올

때에 갚아드리겠습니다' 하고 말하였다.

너는 이 세 사람 가운데에서 누가 강도를 만난 사람에게 이웃이 되어주었다고 생각하느냐?" 율법 교사가 "그에게 자비를 베푼 사람입니다" 하고 대답하자, 예수님께서 그에게 이르셨다.

"가서 너도 그렇게 하여라."

(루카 10,25-37)

다음에 정리된 네 가지 내용에 따라 등장인물 중 하나가 되어 그들의 행동을 살피고 그 이유에 관해 생각해봅시다.

---

1. 등장인물 중 하나가 되어보기
- 예수살렘에서 예리코로 가다 강도를 만난 유대인
- 강도
- 사제
- 레위인
- 여행 중이던 사마리아인
- 여관 주인

---

2. 행동의 이유에 관해 생각해보기

- 예수살렘에서 예리코로 가다 강도를 만난 유대인

  → 강도의 손에 넘겨져 반쯤 죽게 됨

- 강도 → 유대인을 벗기고 때리고 달아남

- 사제 → 우연히 지나가다 반대편으로 지나감

- 레위인 → 그를 보았을 때 다른 쪽으로 지나쳐 감

- 여행 중이던 사마리아인

  → 그를 보았을 때 연민에 사로잡힘

    그에게 가서 상처에 붕대를 감고 기름과 포도주를 부음

    그런 다음 그를 자신의 나귀에 태우고 여관으로 데려가 돌봄

    다음날 두 데나리온을 꺼내 여관 주인에게 주면서 말함

- 여관 주인 → 사마리아인의 부탁을 들어줌

3. 나라면 어떻게 했을지 생각해보기

- 등장인물 중 하나를 선택한 후 생각하기

4. 앞의 3.의 이유에 관해 생각해보기

당신은 누구를 선택하셨나요? 그 이유는 무엇인가요? 『모든 형제들』에서는 각각의 이유에 관해 다음과 같이 설명하고 있습니다.

① 사제와 레위인이 상징하는 것은?

그들은 중요한 사회적 지위를 가졌지만 공동선에 대한 진정한 관심이 부족한 사람들입니다. 그들은 결코 자신들의 시간을 내어주지 않았습니다.

② 우리가 사제나 레위인이 되기로 결정한다는 것은?

삶에서 자신을 우선 생각하고 불가피하게 감당해야 할 책임은 지지 않겠다는 것을 의미합니다. 이것은 사람들이 자신의 무관심을 정당화하는 방법입니다. 하지만 그들은 매우 종교적이고 하느님을 예배하는 데 헌신했습니다. 우리는 결코 이 사실을 지나쳐서는 안 됩니다.

③ 강도가 상징하는 것은?

강도들은 보통 지나치거나 반대쪽을 바라보는 사람들과 암묵적인 동맹을 찾습니다. 사회를 조작하고 속이는 사람들과 멀리 떨어져 자신은 공정한 비평가라 주장하면서 그 시스템과 혜택을 누리는 사람들 사이에는 주고받는 무언가가 있습니다. 그들은 자신의 목적에 부합하는 사람만을 이웃으로 여깁니다. 이웃이라는 단어는 모든 의미를 상실하고, 특정 이익을 추구하는 패거리들만이 의미를 지니게 됩니다.

④ 사마리아인이 상징하는 것은?

그는 멈춰 서서 그를 돌보았으며 그를 위해 자신의 시간을 내어주고 자신의 돈을 썼습니다. 그도 사제나 레위인처럼 그날 계획에 따라 해야 할 일들이 있었을 것입니다. 그러나 그는 도움이 필요한 사람을 위해 모든 것을 제쳐두었습니다.

⑤ 사마리아인이 되기로 결정한다는 것은?

함께 살아가는 세상에서 약한 이웃의 존재를 인정하고, 그들이 배제되는 사회를 거부한다는 것을 의미합니다. 그들의 이웃으로 행동하고 공동선을 살리는 공동체를 만들겠다는 뜻입니다. 우리는 작은 구성원의 합보다 더 강한 가족으로 단결하도록 부름을 받았습니다. 사마리아인은 인정이나 감사를 기대하지 않고 떠났지만, 그의 노력은 그에게 삶과 하느님 앞에서 큰 만족을 주었으며, 무엇보다 하나의 의무가 되었습니다.

우리 대부분은 직면한 상황이 자신과 직접적인 관련이 없을 때엔 그 상황을 무시하고 내가 아니어도 누군가 하겠지라고 생각합니다. 심지어 바로 눈앞에서 누군가 폭행을 당하고 있을 때조차 애써 외면하며 서둘러 그곳을 지나치기도 합니다. 왜일까요?

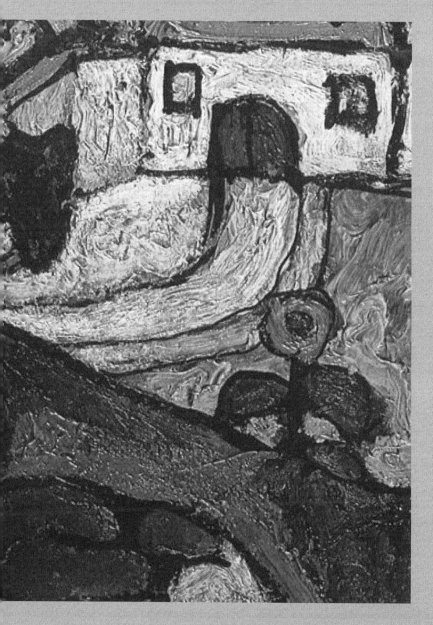

"가서 너도 그렇게 하여라." 루카, 10,37

〈선한 사마리아인〉, 파울라 모더존-베커, 1907

그들이 특별히 나쁜 사람이어서가 아닙니다. 그들에겐 자신을 희생해야 할 어떤 이유나 동기가 없습니다. 그저 모르는 누군가가 어떤 일을 겪고 있을 뿐입니다. 자신들의 무관심으로 누군가 죽을 수 있다는 사실은 그들에겐 중요하지 않습니다. 때로는 귀찮기도 합니다.

지금 이 순간에도 많은 사람들이 여러 이유로 죽어가고 있습니다. 그렇다고 해서 마음이 아프거나 힘들지 않습니다. 모두가 바삐 살아가는 현대 사회에서 나와 상관없는 다른 사람들의 문제에 허비할 시간이 없기 때문입니다.

매순간 우리는 착한 사마리아인이 될지 무심한 방관자가 될지 결정해야 합니다. 각자의 경험 안에서 내적 투쟁이 일어납니다. 사제와 레위인, 유다인과 사마리아인의 구분은 무의미합니다. 우리의 모든 구별과 표식은 사라지고 두 종류의 사람들만 있습니다. 상처받는 사람을 돌보는 사람과 그냥 지나치는 사람, 즉 돕기 위해 몸을 굽히는 사람들과 다른 길을 보고 그 자리를 뜨려고 서두르는 사람들입니다. 결단의 순간에 직면하는 것을 두려워해서는 안 되며 위기의 순간에는 빨리 결단을 내려야 합니다.

가서 너도 그렇게 하여라. (루카 10,37)

우리는 모든 차이를 넘어 다른 사람에게 가까이 다가가야
합니다. 더 이상 내게 도와줄 이웃이 있다고 말하지 않고, 내
자신이 먼저 다른 사람의 이웃이 되겠다고 말해야 합니다. 고
통 받는 사람의 곁에 있어주는 것이 사랑입니다. 그들을 직접
알지 못해도 그 고통의 원인이 된 사회적 조건들을 바꾸기 위
해 함께 최선을 다하는 것이 바로 사랑입니다.

> 우러나오는elicito 사랑이 있습니다. 바로 애덕에서 직접
> 흘러나와 개인들과 민족들을 향하는 행동들을 말합니
> 다. 또한 명령받은imperato 사랑이 있습니다. 이는 더 건전
> 한 제도, 더 공정한 규칙, 더 견실한 조직들을 만들도록
> 이끄는 애덕의 행동들입니다. … 고통 받는 사람 곁에 있
> 어주는 것이 애덕입니다. 고통 받는 사람들을 직접 알지
> 못하여도 그러한 고통의 원인이 된 사회적 조건들을 바
> 꾸려고 최선을 다하는 것도 애덕입니다.
>
> 『모든 형제들』[186]

Ⅳ 세상과 인간을 위한 종교

현대 사회와 인간의 삶 안에서 종교는 점차 존재감을 잃어가고 있습니다. 여전히 맹위를 떨치고 있는 코로나 팬데믹은 이러한 종교의 위상을 다시 한 번 확인시켜주었습니다. 종교에 대한 부정적 인식과 무관심이 팽배해지고 있지만 종교 스스로는 적절한 대응은커녕 자기변론도 하지 못하고 있습니다.

종교인들 스스로도 무엇이 종교의 진정한 의미인지 방향을 잃고 있는 듯합니다. 종교 안에서 이루어지고 있는 이야기들이 관념적이거나 원론적인 내용만 되풀이하고 있습니다. 이런 종교의 이야기에 사람들이 귀 기울이지 않고 마음으로 받아들이지 않는 것이 당연합니다. 종교는 현대 사회에서 무용지물이거나 '그들만의 특이한 무엇'으로 전락할 위기에 처해 있습니다. '지금 여기'의 세상에 종교가 어떤 역할과 의미를 제시할 수 있을지 절박한 고민이 필요한 시점입니다.

사실 종교가 본래 세상과 인간의 삶에 무의미한 것은 아닙니다. 오히려 가장 근원적이고 궁극적인 의미를 지닙니다. 인간은 어떤 존재인지, 어떤 삶을 살아야 하는지, 이 세상은 어떻게 이루어졌는지 같은, 인간이라면 누구나 간직하고 있는 '궁극적 질문'에 대한 답을 제시해주는 것이 종교입니다. 종교의 가르침을 통해 인간과 세상의 근원적 의미를 파악하고, 현실 삶의 실천적 방향과 원리를 갖출 수 있습니다.

이렇게 생각하면 지금 종교의 위기는 종교 본연의 모습을 '제대로' 보여주지 못했기 때문이라고 할 수 있습니다. 종교가 현대 세계에서 해야 할 역할을 온전히 수행하지 못했기 때문입니다. 종교인들이 현실적 내용과 방식으로 세상 사람들에게 종교의 의미를 올바르게 드러내 보여주지 못한 문제가 위기를 자초한 셈입니다.

이러한 문제의식에서 출발하면 『모든 형제들』의 논의를 통해 현대 세계 안의 종교가 추구해야 할 방향을 모색해볼 수 있습니다. 『모든 형제들』은 관념적이거나 원론적인 차원에서 종교의 의미를 논의하지 않습니다. 현대 세계 안에서 종교의 의미와 역할을 구체적이고 현실적인 분석을 통해 제시합니다. 이는 종교 본연의 모습을 충실히 반영한 마땅한 결과입니다.

'성과 속의 합일' '초월과 현실의 조화'로 표현할 수 있는 것이 종교 본연의 모습입니다. 종교는 현세 안에서 존재하고, 현세 안에서 존재할 때 종교의 의미와 역할이 온전히 실현됩니다. 따라서 종교는 세상을 향해 열려 있어야 하고, 현실의 모든 상황에 관심과 대응을 보여주어야 합니다. 실제로 여러 종교의 가르침 안에서 세상과 인간을 위한 구체적인 원리를 파악할 수 있습니다.

1
진정한 사랑과 충서忠恕

예수님이 우리에게 전해주시고자 했던 가르침 중 가장 중심 의미를 지니는 것은 '사랑'일 것입니다. 하느님의 사랑입니다. 하느님의 사랑이야말로 예수님 자신을 그토록 강렬하게 사로잡은 진리였고, 또 우리 모두에게도 전해주고 싶은 진리의 핵심이었습니다.

예수님이 가르쳐주신 하느님의 사랑은 추상적이고 형이상학적인 사랑이 아닙니다. 우리 인간의 현실 생활 안에서 그대로 확인할 수 있고, 또 우리 모두가 실현해야 할 구체적인 사랑입니다. 따라서 예수님은 우리에게 생활 속에서 실제적으로 하느님의 사랑을 실천할 것을 요구하셨습니다. 그리고 예수님이 제시하시는 사랑 실천의 기본 원리를 다음 성서 구절에서 확인할 수 있습니다.

그러므로 여러분은 무엇이든지 사람들이 여러분을 (위해)
해주기 바라는 것을 그대로 그들에게 해주시오. 이것이
율법과 예언자들(의 정신)입니다.

(마태 7,12)

하느님의 사랑을 실천해야 한다는 것은 알고 있지만, 때로
는 진정한 사랑의 실천을 어떻게 해야 하는지 조금 막연하게
느낄 때가 있습니다. 지금 읽은 성서 구절은 가장 기본적이면
서 구체적인 원리를 제시해줍니다. 내가 좋아하고 받고 싶은
일을 그대로 다른 사람에게 해주라는 것입니다. 그것이 다른
사람이 가장 좋아하고 원하는 일이며, 다른 사람이 원하는 것
을 해주는 것이 바로 진정한 사랑의 실천이라는 것입니다.

우리는 간혹 마음으로는 다른 사람을 위한 행동을 한다고
하지만, 그것이 정작 상대방의 뜻과 바람에 맞지 않는 경우를
경험합니다. 내가 생각하기에는 이 일이 바로 저 사람이 원하
는 일인 것 같아 그 일을 해주었지만, 그 사람이 원하는 것은
전혀 다른 것일 때가 있습니다. 이런 경우 나는 사랑을 실천했
다고 생각하지만, 이것은 진정한 사랑이 아닙니다. 상대방은
전혀 사랑을 느끼지 못했으니까요.

내 중심적인, 자기만족적인 사랑의 실천일 뿐이지 진정한

사랑은 아닙니다. 상대방이 원하는 일을 해주는 것이 진정한 사랑입니다. 그리고 상대방이 무엇을 원하는지 파악할 수 있는 가장 손쉬운 방법은 나 자신이 원하는 것을 미루어 짐작하는 것입니다. 예수님은 이러한 사랑의 원칙을 좀 더 구체적으로 설명해주십니다.

> 그때에 베드로가 다가와서 예수께 "주님, 제 형제가 제게 죄를 지으면 그를 몇 번이나 용서할까요? 일곱 번까지 할까요?" 하고 여쭈었다. 예수께서 그에게 말씀하셨다. "당신에게 이르거니와, 일곱 번까지가 아니라 일흔 번을 일곱 번까지라도 하시오."
>
> (마태 18,22)

예수님이 요구하는 사랑의 실천은 진정한 용서를 통해 구체화됩니다. 지금 읽은 성서 구절은 진정한 용서가 어떤 것인지를 깨우쳐줍니다. "일곱 번씩 일흔 번이라도 용서하여라." 한두 번 정도는 어떻게 꾹 참고 용서할 수 있겠지만, "일곱 번씩 일흔 번"은 결코 쉽지 않습니다. 보통 사람들은 감히 엄두도 못내는 어마어마한 수준의 용서입니다. 그래도 진정한 용서라면 이 정도는 되어야 하지 않을까 생각합니다.

이 정도의 용서가 가능하려면 보통 사람의 마음가짐으로는 힘들 것입니다. 지금 읽은 성서 구절에 바로 뒤이어 '무자비한 종의 비유'(마태 18,23-35)가 나옵니다.

일만 탈렌트를 빚진 종이 자비로운 주인에게 하소연해 빚을 탕감받습니다. 그런데 자신에게 백 데나리온을 빚진 동료 종에게는 무자비하게 빚 독촉을 합니다. 사실 일만 탈렌트나 되는 빚을 탕감 받았으면서도 백 데나리온밖에 안 되는 자신의 빚은 어떻게 해서든지 받아내려는 것이 보통 사람의 마음입니다. 나 자신에게는 무한한 자비와 용서가 주어지기를 바라지만, 다른 사람을 대할 때는 그와 같은 자비와 용서를 지니지 못하는 것이 보통 사람의 마음입니다.

유교의 '충서忠恕' 개념은 이러한 보통 사람들의 마음을 극복하고 진정한 용서의 마음으로 나아가기 위한 가르침을 줍니다. 예수님이 가르쳐주신 "일곱 번씩 일흔 번이라도 용서하는 마음"이 어떤 마음인지, 그리고 어떻게 하면 그런 마음이 가능할 수 있는지를 보다 분명히 이해하는 데 유교의 충서 개념이 도움을 줄 수 있습니다.

'충서'란 자신의 정성을 다하여 다른 사람을 이해하는 것을 뜻합니다. '충忠'이라는 글자는 '가운데 중中'과 '마음 심心'이 합해진 글자입니다. '본래의 마음 한가운데로부터 우러나 자기를 극진히 한다'는 뜻입니다. 그리고 '서恕'라는 글자는 '같을 여如'와 '마음 심心'이 합해진 글자입니다. '자기 마음과 같이 다른 사람들을 대한다'는 뜻입니다.

자기 자신에게 충실하고 수양을 다하여 자기를 속이지 않는 경지에 이른 것이 '충'입니다. 그 같은 인격과 심성이 다른 사람에게까지 미치어서 자기 자신과 같이 다른 사람을 이해하고 용서할 수 있게 되는 것이 '서'입니다. 자신의 사리사욕에 지배되지 않는 것이 '충'이고, 자기의 이로움으로 다른 사람을 침해하지 않는 것이 '서'입니다.

유교의 대표적인 경전 중의 하나인 『대학大學』에서는 이러한 충서의 개념을 다음과 같이 쉽게 풀어줍니다.

> "위에서 싫어하는 것으로 아래에다 시키지 말며, 아래에서 싫어하는 것으로 위를 섬기지 말며, 앞에서 싫어하는 것으로 뒤에다 먼저 하지 말며, 뒤에서 싫어하는 것으로 앞을 따르지 말며, 오른쪽에서 싫어하는 것으로 왼쪽을 사귀지 말며, 왼쪽이 싫어하는 것으로 오른쪽을 사귀지 말라."

한마디로 말해 '자기 자신을 되돌아보아 자기가 하고 싶지 않은 것은 남에게도 시키지 말고, 자기가 하고 싶은 것은 남들

"당신에게 이르거니와, 일곱 번까지가 아니라
일흔 번을 일곱 번까지라도 (용서)하시오."

– 마태 18,22

에게도 똑같이 해주라'는 것입니다. 앞에서 읽은 마태오복음 (7,12)의 말씀과 똑같은 의미를 지닌 가르침입니다.

사실 나 자신이나 다른 사람이나 다 같은 인간들이니 하고 싶은 것도 같고, 하기 싫은 것도 같습니다. 생각하는 것도 같고, 일상적인 행동 유형도 같습니다. 내가 쉽게 잘못을 저지르는 것처럼 다른 사람들도 잘못을 저지르는 것이 흔한 일입니다. 내가 자비와 용서를 구하는 것처럼 다른 사람들도 똑같이 자비와 용서를 받고 싶어 합니다.

결국 모든 상황에서 나 자신의 입장이 그대로 다른 사람들의 입장도 된다는 생각을 할 수 있다면, 다른 사람들을 대하는 마음가짐이 보다 너그러워질 수 있습니다. 진정한 용서란 바로 이러한 너그러움에 의해 가능합니다. 그리고 진정한 용서는 진정한 사랑의 가장 구체적인 실천입니다.

이렇게 보면 진리는 전혀 거창하지 않고 생소하지도 않습니다. 듣고 보면 지극히 당연하고 자연스러운 것이 곧 진리입니다. 그렇게 자연스럽고 평범한 진리를 우리 보통 사람들은 쉽게 잊어버리곤 하는 것이 문제입니다. 보통 때는 마땅히 그렇게 해야 한다는 것을 잘 알고 있다가도 정작 그 진리를 실천해야 할 상황이 되면 몸과 마음이 그대로 따라주지 않습니다. 하지만 인간은 완성을 향해 머나먼 여정을 계속해나가는 존재입니다. 비록 당장은 완전함을 이루지 못하더라도 늘 진리를 향해 깨어 있다는 사실이 중요합니다.

2

이웃 사랑과 연기緣起

예수님의 가르침은 모든 사람을 위한 것이었습니다. 그중에서 특히 가난하고 소외받는 사람들이 예수님의 관심 대상이었습니다. 예수님은 평소 세상 사람들이 가까이 하기 꺼려하고 멸시했던 사람들, 즉 세리와 죄인들과 아무런 허물없이 어울리셨습니다.

예수님이 세리와 죄인들과 아무런 허물없이 지내신 것은 그들을 똑같은 사람으로 대하셨다는 것을 의미합니다. 그들을 똑같은 사람으로 대할 수 있었던 것은 그들을 바라보는 눈이 일반 세상 사람들과 달랐기 때문입니다. 그들의 겉모습이나 현재의 조건을 보는 것이 아니라 그들의 인간적인 바탕을 보셨기 때문입니다. 겉모습이나 현재의 상황이 어떠하든 예수님에게는 그들도 다 같은 '하느님의 자녀'였습니다.

이러한 예수님의 행적은 우리에게 진정한 '이웃 사랑'이 어떤 것인지를 가르쳐줍니다. 그리고 이웃이 나에게 어떤 의미를 지니는지 가르쳐줍니다. 그들과 한데 어울려 살고, 그들을 진정한 이웃으로서 사랑할 수밖에 없음을 깨닫게 해줍니다. 우리들은 다 같은 '하느님의 자녀'이기 때문입니다. 하느님은 우리 모두가 같은 하느님의 자녀로서 한데 어울려 살아가기를 원하신다는 것을 예수님의 행동으로 보여주신 것입니다.

예수님이 세리와 죄인들과 어울리신 일은 불교 경전에 나오는 다음과 같은 이야기를 연상시킵니다.

어느 날 오백 거지가 부처님께 제자로 받아달라고 간청했습니다. 그들은 이렇게 말했습니다.

"자비로운 세존이시여, 우리는 부처님과 승단僧團 형제들의 자비로 인해 목숨을 연명할 수 있었습니다. 이제 우리에게 대자비를 베푸시어 승단에 들어갈 수 있도록 허락해 주십시오."

부처님은 그들을 향해 말했습니다.

"내가 가르치는 이 법문은 완전히 순수해서 종족이나 계급, 빈부나 선악을 가리지 않는다. 마치 깨끗한 물과 같아 인종이나 계급, 빈부나 선악을 분별하지 않고 씻어준다. 또한 불과 같아서 산, 바위, 하늘과 땅을 가리지 않고 무엇이나 다 태운다. 내 가르침은 하늘과 같아서 남녀노소를 가리지 않고 모든 이들에게 안식처를 제공한다."

이렇게 해서 부처님은 거지들을 출가 제자로 받아들였습니다. 부처님이 그들에게 법을 전해줄 때 그들의 영혼은 바로 해탈解脫했으며, 바로 '깨달은 자'가 되었습니다. 그런데 당시 그 나라의 상류계층 사람들과 부자들, 왕자는 비천한 거지들이 승단에 가입했다는 말을 듣고서 큰 반감을 가졌습니다. 그들은 이렇게 말했습니다.

"우리가 공덕을 쌓기 위해 부처님과 스님들을 청할 때 그 거지들이 우리보다 높은 자리에 앉을 것이고 또 그들에게 경의를 표해야 하는데, 그건 정말 모욕적인 일이 아닐 수 없어."

그들은 그 거지들을 아주 멸시했던 것입니다. 어느 날 그 나라의 왕자가 부처님과 승려들을 초대했는데, 그에 앞서 부처님께 이렇게 말했습니다.

"세존이시여, 부처님과 스님들은 초대하지만 최근에 출가한 그 거지들은 초대할 수 없습니다."

그 다음날 부처님과 제자들이 그 왕자의 집에 갈 때 부처님은 초대받지 않은 승려들에게 말했습니다.

"주인은 너희들을 초대하지 않았느니라. 그러니 너희들은 북쪽 땅으로 날아가서 심거나 거두어들이지 않은 들판의 쌀을 가져와서 먹도록 하여라."

그들은 부처님의 말씀에 따라 곧바로 북쪽 땅으로 날아갔습니다. 그들 모두 이미 '깨달은 자'가 되었기 때문에 이러한 신통력을 지니고 있었습니다. 그리고는 탁발 그릇에 쌀을 가득 담아 가지고 기러기 떼처럼 아주 우아하게 왕자의 궁전으로 날아왔습니다. 그들은 줄을 지어 앉아 그 특별한 쌀을 먹기 시작했습니다.

그때 왕자는 이 승려들이 아주 우아하게 대열을 지어 하늘에서 날아온 것을 보고 놀라며 부처님께 물었습니다.

"세존이시여, 저 장엄하고 당당하며 덕스럽고 성스러우며 지혜로운 자들은 어디서 왔습니까?"

부처님이 대답했습니다.

"왕자여, 당신은 그들이 누군지 마땅히 알아야 하오. 그들이 누구인지 말해줄 테니 잘 들어보시오. 그들은 당신이 초대하지 않은 그 승려들이라오. 당신이 그들을 초대하지 않았기에 그들은 북쪽 땅으로 날아가 들판의 쌀을 가지고 와서 먹어야 했다오."

이 얘기를 듣자 왕자는 몸 둘 바를 몰랐습니다. 그는 아주 부끄러워하며 자신의 행동을 뉘우쳤습니다. 그리곤 부처님께 말했습니다.

"저의 무지한 소치로 그 성인들을 알아보지 못하고 초대하지 않았습니다. 세존이시여, 당신의 공덕은 헤아릴 길이 없습니다. 비록 이 성인들이 이 나라에서는 비천한 거지이지만 세존의 자비로 인해 삶의 희열을 찾게 되었습니다. 영원한 이로움을 얻게 되었지요. 세존이시여, 이 모든 것이 당신이 이 세상에 온 목적입니다."

이 이야기를 통해 우리는 부처님도 예수님처럼 가난하고 비천한 사람들의 편이었다는 것을 알 수 있습니다. 예수님이 "의인이 아니라 죄인을 부르러 왔습니다"라고 하신 것처럼 부처님도 "비천한 거지들에게 영원한 이로움을 얻게 해주기 위한 것이 이 세상에 온 목적입니다." 그리고 부처님의 비천한 사람들에 대한 배려 역시 예수님처럼 그들을 겉모습이나 현재의 조건으로만 보지 않고 그들의 인간적인 바탕을 보셨기 때문입니다. 사람들은 모두 서로에게 소중한 의미와 가치를 지닌 존재들입니다.

사람들이 서로에게 소중하고 가치 있는 존재들이라는 진리는 불교의 연기緣起 개념을 통해 보다 분명하게 이해할 수 있습니다. 연기란 인간의 무차별한 욕망을 그 뿌리 차원에서부터 끊어버리기 위한 가르침입니다. 욕망의 대상인 이 세상의 모든 존재들이 본성적으로 공허하고 무상한 것임을 깨우쳐주는 개념입니다.

우리가 집착하는 현세의 대상들은 그 어떤 것도 자체로서 독립적인 의미를 지닐 수 없이 그저 상호의존적인 관계성에 근거하여서만 존재할 수 있다고 합니다. 이것이 있어야 저것이 있을 수 있고, 저것이 없어지면 이것도 없어질 수밖에 없습니다. 이 세상의 그 어떤 존재도 홀로 독립적인 실체일 수 없습니다. 서로가 서로에게 의존하여 존재할 뿐입니다.

이러한 연기 사상에 근거하면 인간은 모두 서로 얽혀 전체적인 하나의 유기체를 이루고 있는 것으로 이해할 수 있습니다. 마치 커다란 그물과 같습니다. 세세한 부분 하나하나가 튼튼하게 서로 얽혀 있어야 그물 전체가 온전할 수 있습니다. 어느 한 구석만 풀어져도 그물 전체가 연쇄적으로 풀어지고 맙니다.

우리 인간은 각자 독립적인 존재가 아니라 상호의존적인 존재입니다. 따라서 서로가 서로에게 필요한 존재입니다. 내가 온전해야 나의 이웃도 온전할 수 있고, 나의 이웃이 잘못을 저지르면 그 잘못이 곧 나에게도 문제가 됩니다. 잘난 사람 못난 사람 구분 없이 모두가 소중하고 의미 있는 존재입니다.

이렇게 불교의 연기 개념과 연관시켜 생각해보니 예수님이 하신 말씀의 의미가 보다 분명하게 드러납니다.

"의사란 건강한 이가 아니라 앓는 이에게 필요합니다. 나는 의인이 아니라 죄인을 부르러 왔습니다."

〈배급 줄에 선 예수〉, 프리츠 아이켄버그, 1953

가난하고 소외받는 사람들은 우리 인간들이 서로 얽혀 이루고 있는 커다란 그물에 있어 헤어지고 풀어진 부분들이라고 할 수 있습니다. 예수님은 우리 인간의 그물을 완전하고 튼튼하게 고치러 오신 분입니다. 헤지고 풀어진 부분 없이 그물 전체가 튼튼하게 서로 얽혀 있기를 바라신 것입니다.

3

지행합일知行合一

: 머리로 생각하는 일이 가슴을 지나 발에 이르기까지

예수님의 가르침은 사실 그 내용면에서 보면 지극히 단순하고 평범합니다. 인간 존재에 대한 깊이 있는 통찰 내용을 담고 있지도 않고, 우주의 근원에 관한 형이상학적 논변을 전개하지도 않습니다. "하느님을 온 마음과 온몸으로 사랑하라"는 것이 예수님이 가르치신 내용의 전부라고 해도 과언이 아닙니다. 그리고 그에 관해서 그리 많은 말을 덧붙이지도 않았습니다.

예수님의 가르침이 지니는 진정한 의미는 화려하고 짜임새 있는 내용이나 많은 말들에 있지 않습니다. '실천'에 있습니다. 예수님의 가르침은 실천의 문제에 초점을 맞추고 있습니다. 예수님의 가르침을 단지 새로운 지식으로만 이해하는 것은 예수님의 본래 의도에 어긋납니다. 예수님의 가르침을 번드레하게 말로만 되풀이하는 것은 예수님 가르침의 본뜻을 거스르는 일입니다. 예수님 가르침의 핵심은 직접적인 실천에 있습니다.

무엇보다 예수님 자신이 몸소 실천의 삶을 보여주셨습니다. 이 점은 여러 종교의 성인들에게서 드러나는 공통적인 특징입니다. 그들의 위대함은 단지 훌륭한 진리를 깨달았다는 점에 그치지 않고, 깨달은 진리를 몸소 실천했음에서 더 부각됩니다. 그들이 깨닫고 우리들에게도 가르쳐준 진리는 실천을 수반했을 때 비로소 완성되는 진리였습니다.

예수님이 실천을 강조하신 것은 성서의 여러 구절을 통해 확인할 수 있습니다.

"왜 여러분은 나를 '주님, 주님' 하고 부르면서 내가 말하는 것은 행하지 않습니까? 누구든지 나에게 와서 내 말을 듣고 그대로 행하는 사람이란 어떤 사람과 같은지 여러분에게 일러주겠습니다. 그는 (땅을) 깊이 파서 반석 위에 기초를 놓고 집을 지은 사람과 같습니다. 홍수가 나서 큰물이 그 집을 덮쳤으나 흔들리게 하지 못했습니다. 그 집은 잘 지었기 때문입니다. 그러나 듣고도 행하지 않는 사람은 기초 없이 맨땅에 집을 지은 사람과 같습니다. 큰물이 그 집을 덮치자 곧 무너지고 말았습니다.

그 집은 크게 망그러졌습니다."

(루카 6,46-49)

"듣고도 행하지 않는 사람은 기초 없이 맨땅에 집을 지은 사람과 같다"고 하십니다. 아무리 좋은 내용의 가르침을 들었더라도 그것을 실천하지 않으면 살아 있는 진리로 완성될 수 없습니다. 그 가르침을 듣고 머리로만 이해한 상태에서는 '나'라는 존재를 근본적으로 변화시킬 수 없습니다. 듣는 순간에는 나 자신이 부쩍 커지고 깊어진 것 같은 느낌이지만, "큰물이 덮치면 곧 무너지고 맙니다." 어느 상황에서도 흔들리지 않는 내 안의 반석을 세우는 일은 배우고 들은 진리를 직접 실천함으로써 이루어질 수 있습니다.

'아는 것'보다 '실천하는 것'을 강조하시는 예수님의 원칙은 또 다른 성서 구절을 통해서도 확인할 수 있습니다.

"여러분은 어떻게 생각합니까? 어떤 사람에게 아들 둘이 있었는데 맏이한테 가서

'얘야, 너 오늘 포도원에 가서 일하여라' 하고 일렀습니다. 그러자 그는 '싫습니다' 하고 대답했지만 나중에 뉘우치고 (일하러) 갔습니다. 아버지는 다른 아들한테 가서

도 같은 말을 했습니다. 그러자 그는 '예, 주인어른' 하고
대답했지만 (일하러) 가지는 않았습니다.

그 둘 가운데 누가 아버지의 뜻을 행했겠습니까?" 그들
이 "맏이입니다" 하자 예수께서 그들에게 말씀하셨다.
"진실히 여러분에게 이르거니와, 세리들과 창녀들이 여
러분보다 먼저 하느님의 나라에 들어갑니다. 사실 요한
이 여러분에게 의로움의 길을 (가르치러) 왔건만 여러분은
그를 믿지 않았습니다. 세리들과 창녀들은 그를 믿었습
니다. 그러나 여러분은 보고도 끝내 뉘우치지 않고 그를
믿지도 않았습니다."

(마태 21,28-32)

이 성서 구절에는 두 아들이 등장합니다. 두 아들 모두 아버
지로부터 '포도원에 가서 일하라'는 말을 들었습니다. 하지만
아버지의 말을 들은 이후의 행동은 두 아들이 서로 달랐습니
다. 첫째아들은 아버지의 말을 들은 대로 실천에 옮겼습니다.
비록 처음에 마음의 갈등은 있었지만 그래도 아버지의 말을
믿고 따랐습니다. 둘째아들은 겉으로는 아버지의 말을 잘 듣
고 이해한 듯 했지만 결국 그대로 실천에 옮기지는 않았습니
다. 그저 듣고 아는 데 그쳤습니다. 이 성서 구절에 등장하는

두 아들의 비유는 '아는 것'과 '실천하는 것' 사이의 문제를 상징적으로 보여줍니다.

유교에서는 지행론知行論이라 하여 '아는 것[지知]'과 '실천하는 것[행行]'의 관계에 관한 지속적인 논의가 있었습니다. 지와 행을 놓고 어느 것이 더 앞서는 것인가 또는 어느 것이 더 어려운 것인가 하는 질문이 유학자들에 의하여 자주 제기되었습니다. 쉽게 표현하여 '아는 것'과 '실천하는 것' 중 어느 것이 우선하는가의 문제입니다.

『논어』에서는 "제자들은 들어와서는 효도하고, 나가서는 우애롭고 삼가하고 신의 있게 행하며, 널리 여러 사람들을 사랑하고, 어진仁 사람을 가까이 하여라. 그렇게 행하고 여력이 있으면 학문하여라"고 하여, 일상생활에서의 구체적인 실천을 우선 강조하였습니다. 그런데 『맹자』에서는 "어린아이로서 자기 부모를 사랑할 줄 모르는 아이는 없고, 자라서는 연장자를 공경할 줄 모르는 사람이 없다"고 하여, 아는 것과 실천하는 것이 본래 같이 이루어지는 것임을 강조했습니다.

이러한 지행론을 좀 더 본격적으로 그리고 사상적으로 연구 논의한 것은 주희朱熹와 왕수인王守仁에 의해서입니다. 주희는 "먼저 궁극적 이치를 깨우쳐 알고 이후에 몸과 마음을 올바르게 닦는 실천을 행한다"는 입장을 취했습니다. 지가 행보다 앞서는 것으로 설명한 것입니다. 그러나 주희는 "지가 행보다 앞서는 것이지만 중요성은 오히려 행에 있다"고 하였고, "지와 행은 어느 쪽에도 노력을 치우치게 할 수 없는 것이다"고 하여 지뿐만 아니라 행의 중요성도 함께 강조하였습니다.

한편 왕수인은 지가 선행해야 한다는 주희의 입장에 반대하여 '지행합일知行合一'을 주장했습니다. 이것은 지와 행을 합일시켜야 한다는 의미가 아니라, 지와 행이 본래 하나라는 의미입니다. 왕수인은 지와 행을 별개로 구분하거나 선후를 논하는 것을 거부하고, 지와 행의 근원적인 통일성을 강조했습니다.

그는 "지의 진실하고 독실한 것이 곧 행이요, 행의 밝고 명확한 것이 곧 지이므로 양자는 분리될 수 없는 하나"라고 했습니다. 올바르고 진실하게 알면 그것을 실천하지 않을 수 없고, 실천하지 못하는 것은 밝고 명확하게 아는 것이 아니라고 할 수 있다는 것입니다. 즉 알면서 행하지 않는다는 것은 곧 모른다는 의미인 것입니다.

위에서 인용한 성서 구절에서 예수님이 비유로 들은 두 아들은 우리에게 유교에서 말하는 지행론을 연상시켜줍니다. 첫째아들은 자신이 들어 알게 된 것을 실천으로 옮겼고, 둘째아들은 아는 것에만 그쳤을 뿐 그것을 실천으로 옮기지는 않았습니다.

예수님의 지행론은 유교에서보다 분명하고 명확한 결론을 제시합니다. 올바른 길을 가르쳐준 요한을 보고서도 끝내 회개를 실천하지 않은 대사제와 원로들보다, 요한의 말을 믿고 따른 세리와 창녀들이 먼저 하느님의 나라에 들어갈 것이라고 말씀하십니다.

이 성서 구절을 다시 왕수인의 지행합일론에 비추어 이해해 본다면, 둘째아들은 제대로 안 것이 아니고 첫째아들이 참으로 진리를 안 것이라고 할 수 있습니다. 실천 여부를 보면 그것을 분명히 알 수 있습니다. 왕수인이 지행합일론을 통해 설명했듯이, 참된 진리를 진실하게 알았다면 그 진리를 실천하는 것은 지극히 당연하고 자연스러운 일입니다. 그것이 참된 진리가 지닌 힘입니다.

참 진리를 제대로 들어 알았다면, 그 진리의 힘이 나의 모든 것을 사로잡아 나는 그 진리를 따르는 삶을 실천하지 않을 수 없습니다. 진리는 그 누구, 그 어느 것도 거부하거나 대항할 수 없는 타당하고 마땅한 힘을 지니고 있기 때문입니다.

4

세상의 재물

부富와 재물의 문제는 현세를 살아가는 종교인들에게 매우 곤혹스러운 문제 중 하나입니다. 현세 삶을 영위하기 위해서는 어느 정도의 부와 재물이 필요하고, 가능한 한 좀 더 풍족한 삶의 조건을 원하는 것이 인간의 자연스러운 바람입니다. 하지만 우리가 흔히 생각할 때 종교적 가르침은 이러한 인간의 바람에 역행하는 것 같습니다. 철저한 종교적 삶을 실천하기 위해서는 부와 같은 현세적 가치들로부터 초탈해야 하는가 하고 고민하기도 합니다. 과연 부와 종교는 서로 조화를 이룰 수 없는 대립적인 가치일까요?

일반적으로 종교라고 하면 당장 살아가는 이 세상과는 다른 그 무엇을 떠올리게 됩니다. 현세 삶을 초탈하는 가치를 높이 평가하고, 이 세상과 다른 또 다른 세계를 추구하는 것이 종교라고 생각합니다. 아주 잘못된 생각은 아닙니다. 그러나 종교적 신앙이 지나치게 초월성에만 치우치면 위험한 신앙이 되기 쉽습니다. 종교는 본래 인간의 현세 삶과 분리할 수 없습니다. 현세 삶을 살아가는 인간에게 의미를 줄 때 진정 살아있는 종교입니다. 실제로 여러 종교적 가르침 안에는 무조건 세상을 부정하고 거부하는 내용보다는, 올바르게 세상을 살아가기 위한 구체적이고 세부적인 내용들이 더 많이 포함되어 있습니다.

부와 재물에 대해서도 여러 종교에서 각자의 입장에 따른 해석과 가르침을 제시하고 있습니다. 중요한 문제는 그러한 가르침들을 정확히 이해하는 일입니다. 단순히 겉으로 드러난 내용에만 머무르는 것이 아니라 그 내면적인 의미와 배경까지 이해하는 세밀함이 필요합니다.

그리스도교 신앙의 가장 근원은 "하느님이 창조주이시고 모든 피조물의 통치자이시다"는 것입니다. 따라서 만물이 모두 하느님에게 속해 있고 하느님으로부터 온다고 믿습니다. 부와 재물에 대한 기본적인 인식 역시 이러한 맥락에서 이루어집니다. 기본적으로 부와 재물은 하느님에 의해 인간에게 주어지는 것입니다. 그런데 하느님이 인간에게 부와 재물을 주시는 것은 그 안에 특별한 의미를 담고 있습니다. 이 의미를 우선 구약시대로부터 확인할 수 있습니다.

구약 시대에 하느님은 인간과 계약의 징표로 부를 주셨습니다. 아브라함의 믿음에 대해 후손들의 번성과 부를 약속하셨고, 이집트 탈출 이후 새로이 태어난 하느님의 백성에게 비옥한 땅의 풍요로움을 주셨습니다. 그러나 인간들이 하느님과의 계약을 어기고 하느님의 뜻으로부터 멀어짐으로 인해 땅과 부를 잃고 유배 생활의 고통을 겪어야 했습니다. 결국 '하느님으로부터 주어지는 부'는 하느님이 당신 백성들에게 내리는 축복의 의미인 동시에 책임과 의무를 수반했습니다.

어쨌든 구약시대 처음에는 '선善함은 부富, 악惡함은 빈곤'이라는 이해를 지니고 있었습니다. 그런데 후대로 가면서 이러한 이해에 변화가 생겼습니다. 거꾸로 부는 악함과 같은 뜻이고, 가난함은 의롭고 경건함을 의미하게 되었습니다. 욥기와 시편의 여러 곳을 보면 의롭고 경건한 사람이 현실적으로 곤궁한 처지에 처하고 사악한 사람들이 부와 권력을 누리는 상황이 묘사되고 있습니다. 이러한 내용은 당시의 사회 경제적인 상황을 그대로 반영한 결과라고 할 수 있습니다. 종교가 점차 세속화되어 가면서 제사장 계급을 비롯한 특정 귀족 계급들에게 부와 권력이 집중되었습니다. 이런 상황에서 부와 권력에 대한 부정적인 인식이 형성되었던 것으로 이해할 수 있습니다.

구약시대의 이러한 변화를 통해 부와 재물에 대한 부정적인 가르침이 부와 재물 자체에 대한 평가로서 형성된 것이 아니라는 사실을 확인할 수 있습니다. 본래 의미에서의 부와 재물은 하느님으로부터 인간에게 주어지는 축복의 선물입니다. 그 자체로 기쁘고 선한 일입니다. 부와 재물에 대해 부정적인 가르침이 나오게 된 것은 부와 재물 그 자체를 부정하는 것이라기보다 부와 재물에 대한 인간의 태도를 경고하기 위함이었던 것입니다.

부의 위험성에 대한 경고는 예수님의 가르침에서 더욱 강조되고 있습니다. 예수님은 "부자가 하느님 나라에 들어가기 어렵다", "사람이 하느님과 재물을 함께 섬길 수 없다"는 등의 내용을 통해 부와 재물에 대한 가르침을 제시하셨습니다. 그러나 이 내용 역시 당시 특정 계급의 사람들에게 부가 집중되는 현상, 부에 집착하는 사람들이 더욱 정당치 못한 방법으로 부를 축적하고 운영하는 상황 등을 비난하는 뜻으로 이해할 수 있습니다. 부와 재물에 관련한 인간의 잘못된 태도를 경고한 것이지 부와 재물 자체를 부정하고 사악한 것으로 규정하지는 않은 것입니다.

부가 인간에게 위험해질 수 있는 이유는, 부로 인해 지혜의 눈이 멀고 진정한 가치를 알아보지 못하게 만들 수 있기 때문입니다. 예수님의 말씀이 이 점을 잘 나타내줍니다.

"모든 탐욕을 경계하여라. 아무리 부유하더라도 사람의 생명은 그의 재산에 달려 있지 않다."

(루카 12,15-16)

재물은 사람을 속박할 수 있다는 것, 사람을 노예화하여 하느님과 그의 나라에 대한 신앙을 파괴시킬 수 있는 위험성을 지니고 있음을 경고하십니다. 이것이 부와 재물에 대한 그리스도교 가르침의 내면적인 의미입니다.

공자님도 일단 부에 대한 인간의 욕망을 자연스러운 것으로 긍정했습니다. 그렇지만 무조건적이고 무분별한 부의 추구를 긍정한 것은 아닙니다. 인간에게 기본적인 부의 필요성을 긍정하면서도 한 가지 분명한 원칙을 제시했습니다. 『논어』에 다음과 같은 내용이 나옵니다.

"부富와 귀貴는 누구나 바라는 것이다. 그러나 도리에 맞게 얻은 것이 아니라면 그곳에 계속 머무르지 않는다."

현실적으로 인간에게 부가 중요하고 필요한 것은 인정하지만, 그렇다고 도리에 어긋나게 수단을 가리지 않고 얻는 부귀까지 긍정하지는 않습니다. 부를 추구하는 것 자체가 잘못은 아닙니다. 문제는 도리에 어긋나게 부를 추구하는 것입니다. 부 자체는 긍정적인 요소이지만 그렇다고 해서 부가 근본적인 도리보다 우선할 수는 없습니다. 세상의 근본적인 이치와 인간의 도리가 부보다 우선하는 가치입니다.

부와 재물에 대한 공자님의 원칙은 '안빈낙도安貧樂道'의 가르침에서 보다 분명하게 드러납니다. 가난의 문제와 관련하여 공자님은 두 가지의 가난을 구분했습니다. '자기로 인한 가난'과 '자기에게 원인이 없는 가난'입니다.

> "빈곤과 천함은 사람들이 증오하는 것이다. 그렇지만 이치에 맞게 얻은 것이 아니라면 피하지 말아야 한다."

자신의 게으름이나 옳지 못한 품성으로 인해 초래된 가난과 비천함은 자기로 인한 것이기 때문에 마땅히 자신의 원인을 극복하고 벗어나려 노력해야 합니다. 하지만 세상에는 자신에게 문제가 없는데도 가난하고 비천해지는 경우가 있습니다. 공자님에 따르면 그것은 세상에 올바른 도道가 구현되지 못했기 때문입니다.

자신에게는 문제가 없는데, 세상이 올바르지 못한 이유 때문에 주어지는 가난과 비천함은 피하지 말고 그대로 받아들여

⟨노숙자 예수Jesus the Homeless⟩

티모시 슈말츠, 2013

야 합니다. 그러한 가난은 결코 부끄러운 일이 아닙니다. 세상이 올바르지 못한 상황에서 부귀를 얻으려면 분명 도리에 어긋나는 방법에 의존해야 합니다. 그렇게 얻는 올바르지 못한 부귀를 누리느니 차라리 가난함 가운데에서 올바른 도道를 따르는 삶을 즐기는 것이 옳은 길입니다.

> "세상에 도가 있는데 가난하거나 천하다면 수치다. … 세상에 도가 없는데 부유하거나 귀한 것은 수치다."

결국 공자님은 부의 현실적인 필요성과 자연스러움은 인정하면서 그것이 도道라고 하는 보다 궁극적인 기준에 의해 올바르게 운용運用되기를 원했습니다. 이러한 가르침에는 분명 부가 지니는 위험성에 대한 경계가 전제되어 있습니다. 부의 위험성에 빠져 도에 어긋나는 삶을 사느니 차라리 가난함 속에서 도와 예禮를 즐기며 살라는 것이 공자님의 가르침입니다. 그만큼 부가 지니는 위험성이 크고 유혹적이라는 사실을 역설적으로 강조하는 것이라고 이해할 수 있습니다.

부에 대한 여러 종교들의 가르침은 분명한 공통점을 지니고 있습니다. 일단 현실적으로 인간에게 필수불가결한 것이라는 점에서 부를 긍정합니다. 그러나 동시에 부에 대한 분명한 원칙을 요구합니다. 정당하고 도리에 맞게 모아야 하고, 또한 부 자체에 속박 당해서는 안 됩니다.

여러 종교에서 부와 재물에 대한 부정과 거부의 가르침들을 제시하고 있는 것은 그만큼 부가 인간에게 가져다줄 수 있는 위험성이 크기 때문입니다. 부와 재물의 노예가 되어 인간성을 상실하고, 궁극적인 진리로부터 멀어지게 될 수 있는 위험성을 경계합니다. 결국 부는 인간에게 필요하면서도 위험합니다. 부가 초래할 수 있는 위험성을 잊지 않을 때 부가 가져다주는 유익함이 더욱 값을 발할 수 있습니다.

5
유혹

예수님을 비롯하여 석가모니, 공자, 무함마드 등과 같은 위대한 성인들의 생애를 보면서 우리는 깊은 감동을 느낍니다. 그 감동은 평범한 우리들이 감히 이룰 수 없는 그분들의 뛰어난 삶의 모습 때문이라고 할 수 있습니다.

그런데 다른 한편으로 생각해보면 그분들 역시 우리들과 똑같은 인간이었다는 사실, 우리들처럼 유한한 존재로 출발하여 그 같은 완성을 이루었다는 사실이 더 큰 감동을 줍니다. 그분들도 우리들과 똑같이 맛있는 음식을 먹고 화려한 옷을 입고 아늑한 집에서 살고 싶었을 것입니다. 다른 사람들에게 떵떵거릴 수 있는 삶을 바라는 자연스러운 감정을 지니고 있었을 겁니다. 그러한 인간적인 욕망을 충족하는 삶을 살고 싶은 유혹을 의연하게 극복했다는 점이 우리에게 더 큰 감동을 줍니다.

그분들은 어떻게 가장 인간적인 욕망의 유혹을 극복할 수 있었을까요? 성서의 기록에 의하면 예수님은 세례자 요한에게 세례를 받으신 후 광야에서 사십일 동안 단식하시면서 악마에게 유혹을 받으셨다고 합니다.

> 그때에 예수님께서는 성령의 인도로 광야에 나가시어, 악마에게 유혹을 받으셨다. 그분께서는 사십 일을 밤낮으로 단식하신 뒤라 시장하셨다. 그런데 유혹자가 그분께 다가와, "당신이 하느님의 아들이라면 이 돌들에게 빵이 되라고 해 보시오" 하고 말하였다.
> 예수님께서 대답하셨다.
> "성경에 기록되어 있다. '사람은 빵만으로 살지 않고 하느님의 입에서 나오는 모든 말씀으로 산다.'"
> 그러자 악마는 예수님을 데리고 거룩한 도성으로 가서 성전 꼭대기에 세운 다음, 그분께 말하였다. "당신이 하느님의 아들이라면 밑으로 몸을 던져 보시오. 성경에 이렇게 기록되어 있지 않소? '그분께서는 너를 위해 당신 천사들에게 명령하시리라.' '행여 네 발이 돌에 차일세라 그들이 손으로 너를 받쳐 주리라.'"
> 예수님께서는 그에게 이르셨다. "성경에 이렇게도 기록되어 있다. '주 너의 하느님을 시험하지 마라.'"

악마는 다시 그분을 매우 높은 산으로 데리고 가서, 세상의 모든 나라와 그 영광을 보여 주며, "당신이 땅에 엎드려 나에게 경배하면 저 모든 것을 당신에게 주겠소" 하고 말하였다. 그때에 예수님께서 그에게 말씀하셨다. "사탄아, 물러가라. 성경에 기록되어 있다. '주 너의 하느님께 경배하고 그분만을 섬겨라.'" 그러자 악마는 그분을 떠나가고, 천사들이 다가와 그분의 시중을 들었다.

(마태 4,1-11)

예수님이 악마의 유혹을 받으셨다는 기록을 통해 우리는 예수님도 본격적으로 공생활을 시작하시기 전에 인간적인 욕망의 유혹을 극복하는 과정을 겪으셨다는 사실을 확인할 수 있습니다. 세례를 통해 하느님의 부르심을 체험했지만 본격적으로 하느님만을 위한 삶을 살려는 순간에 인간적인 욕망이 다시 한 번 예수님을 괴롭혔을 것입니다. 하느님만을 위한 삶을 산다는 것이 어떤 것인지를 잘 알기 때문에 인간적 욕망의 유혹이 더욱 크게 다가왔을 것입니다.

위의 성서 구절에서 악마가 접근하고 있는 유혹의 내용들은 우리 인간에게 가장 원초적인 욕망들입니다. 맛있는 음식을 배불리 먹고 싶은 욕망, 세상의 모든 영광과 권력을 누리고 싶은 욕망은 모든 인간이 지니고 있는 욕망입니다. 여기에 덧붙여 '하느님을 떠보고 싶은 욕망'은 하느님의 부르심을 체험한 예수님에게는 또 하나의 강한 인간적 욕망이 될 수 있었을 것입니다.

하느님이 내편이라고 느낄 때, 하느님이 나를 위해 아무 때나 어디에서나 무엇이든 해줄 것이라는 생각은 인간으로서 지닐 수 있는 또 하나의 유혹입니다. 아빠가 든든한 후원자라고 믿고 아무 때나 자기가 하고 싶은 일을 이루어달라고 떼를 쓰는 어린 아이의 마음, 원할 때면 언제나 불러내 자신의 소망을 들어주는 요술 램프 속의 거인 마법사를 갖고 싶은 마음은 우리 인간이 지니는 또 하나의 욕망입니다.

불교에도 예수님의 유혹 이야기와 같은 내용이 있습니다. 석가모니 부처님이 깨달음을 위해 수행하던 중 끊임없이 악마들의 유혹과 협박을 받았다는 기록이 여러 경전에 나옵니다. 이들 기록은 석가모니 부처님 역시 완전한 깨달음을 얻기 위해서는 인간적인 욕망과 갈등의 유혹을 극복해야만 했다는 사실을 말해줍니다.

『숫따니빠따』라는 경전에 이런 내용이 나옵니다. 수행 중인 석가모니 부처님에게 악마가 다가와 속삭입니다.

"당신은 고행의 결과 몸이 여위게 되어 살아남기 어렵게 될 것이다. 생명이 있어야 여러 가지 선행도 가능한 것이다. 고행에 열중한다고 해서 무슨 성과가 있겠는가. 어차피 깨달음의 길은 어렵고 도달하기 어려운 것이다."

이에 대해 석가모니 부처님은 이렇게 대꾸했다고 합니다.

"내게는 믿음이 있고 지혜가 있다. 육체의 살이 빠질 때 마음은 더욱 더 맑게 개이고, 믿음과 지혜는 더욱 더 굳어진다. 마음은 갖가지 욕망을 전혀 돌보지 않는다. 보라, 이 심신의 깨끗함을."

인간의 나약한 심성과 현실의 안락에 안주하려는 욕망, 그리고 쉽게 자신을 합리화하려는 인간의 속성을 이용한 악마의 유혹이었지만, 석가모니 부처님은 굳은 믿음으로 그 유혹을 극복해냈습니다.

같은 문헌에 의하면 악마에게는 여덟 무리의 군대가 있다고 합니다. 여기서 말하는 여덟 군대란 욕망, 혐오, 기갈, 갈애, 나태, 공포, 의혹, 위선을 말합니다. 이들은 모두 인간이 본래부터 지니고 있는 원초적 욕망입니다. 깨달음으로 나가려는 인간의 마음속에 생겨나는 갈등을 나타내고 있습니다.

석가모니 부처님이 받은 유혹의 절정을 이루는 것은 마왕魔王의 세 딸이 등장하여 깨달음에 거의 다다른 석가모니를 온갖 교태로 유혹했다는 이야기입니다. 갈애, 혐오, 탐욕이라 불리

는 마왕의 세 딸은 어린 소녀, 젊은 처녀, 남의 아내, 노파 등
으로 모습을 바꿔가며 석가모니에게 접근했습니다. 이들은 명
상에 잠겨 있는 석가모니 부처님에게 다가가 "왜 슬픔에 지쳐
홀로 숲에 앉아 생각에 잠겨 있는 것인가, 마을 사람들에게 무
슨 죄를 지었는가, 무슨 까닭으로 모든 사람들과 교류를 끊었
는가, 친구가 없어서 그러는가"라고 물으면서, 자기들과 잠자
리를 같이 하기만 하면 온 세상의 통치자가 되게 해주겠다고
제안합니다. 하지만 석가모니 부처님은 "내 마음은 고요하다"
라는 말로써 이들을 일축했다고 합니다.

이 같은 유혹 이야기들은 결국 수행 과정에서 석가모니 부
처님의 내면세계에 일어났음직한 갈등들을 상징적으로 표현
한 것이라고 할 수 있습니다. 등장하는 악마들의 여러 이름과
모습들이 그대로 인간적인 욕망의 여러 측면들을 상징하고 있
습니다. 성적 충동, 물질적 안락, 세상의 권력에 대한 욕망, 그
리고 이들 욕망으로부터 자유로워지려 할 때 느낄 수 있는 불
안과 공포와 갈등 등이 그대로 악마의 유혹으로 표현되고 있
습니다.

이처럼 예수님과 석가모니 부처님의 유혹 이야기에서 우리
는 그분들이 받은 악마의 유혹이 곧 가장 인간적인 욕망의 유
혹이었음을 알 수 있습니다. 그분들은 인간으로서 느낄 수 있

"힘내시오, 두려워하지 마시오."

- 마태 14,27

는 가장 원초적인 욕망의 유혹을 이겨낸 것입니다. 중요한 것은 그분들이 어떻게 유혹을 극복할 수 있었느냐는 점입니다. 인간이라면 누구나 느낄 수 있는 자연스럽고 기본적인 욕망이니만큼 좀처럼 그 깊은 뿌리를 끊어버리기 힘들다는 것을 우리들은 잘 알고 있습니다. 그 끈질긴 유혹을 그분들은 어떻게 이겨낼 수 있었을까요?

그 대답은 바로 예수님이 악마의 유혹을 물리치며 하신 말씀에 담겨 있습니다.

"물러가라, 사탄아! '너의 하느님이신 주님에게 엎드려 절하고 오직 그분만을 섬겨라'고 기록되어 있다."

바로 하느님에 대한 굳은 신앙입니다. '오직 하느님만을' 바라보는 굳은 신앙으로 인간적 욕망의 유혹을 이겨낼 수 있었습니다.

윌프레드 캔트웰 스미스Wilfred Cantwell Smith(1916~2000)라는 종교학자는 "신앙이 모든 종교의 공통적인 특징"이라고 했습니다. 그가 말하는 신앙이란 개념은 "자신의 전 존재가 어떤 궁극적[초월적]인 존재를 향하고 있는 내면적 상태"를 의미합니다. 자신의 몸과 마음, 정신, 모든 것이 궁극적 존재 하나만을 향하고 있는 상태입니다. 세상의 다른 가치나 의미를 향하고 있는 것이 아니라 온전히 궁극적 존재만을 향한 삶을 의미합니다. 이렇게 하는 것은 그 궁극적 존재가 최상의, 절대적 가치이기 때문입니다. 다른 세속적인 가치들은 제한적이고 부분적인 의미를 지닐 뿐입니다. 이러한 신앙 안에서 세속적 가치나 인간적 욕망으로부터 자유로워질 수 있습니다.

악마는 예수님에게 하느님이 아닌 빵이나 세상의 영광을 향한 삶을 살도록 유혹했습니다. 하지만 예수님은 오직 하느님만을 바라보셨습니다. 예수님의 몸과 마음, 정신, 모든 것이 오직 하느님만을 향하고 있었습니다. 예수님은 오직 하느님만을 바라보는 확고한 신앙으로 인간적 욕망의 끈질긴 유혹을 극복할 수 있었던 것입니다.

6

무위자연無爲自然의 신앙

성서의 기록을 보면 예수님의 가르침은 소신으로 가득 찬 힘 있는 가르침이었습니다. 예수님은 누구의 눈치를 보지 않았고, 사람들의 바람에 가벼이 영합하려 하지도 않았습니다. 자신에게 닥칠지 모르는 위험이나 불이익에도 개의치 않았습니다.

예수님의 이러한 흔들림 없는 소신은 예수님 자신의 확고한 하느님 신앙에 근거한 것이라고 할 수 있습니다. 궁극적 진리이신 하느님에 대한 굳은 신앙이 그대로 예수님 소신의 원천이었습니다. 그리고 그러한 확고한 하느님 신앙을 우리에게도 그대로 전해주시고자 했습니다. 확고한 하느님 신앙이야말로 예수님 가르침의 핵심입니다.

그런데 '확고한 하느님 신앙'이란 구체적으로 어떤 것일까요? 저는 다음 성서 구절을 읽을 때마다 확고한 하느님 신앙이 어떤 의미를 지니는지 좀 더 분명하게 확인하게 됩니다.

배는 이미 뭍에서 여러 스타디온 떨어져 있었는데 파도에 몹시 시달리고 있었다. 바람이 마주 불어왔기 때문이다. 예수께서는 밤 사경에 호수 위를 걸어 그들에게로 가셨다. 그러자 제자들은 그분이 호수 위를 걸어오시는 것을 보고 당황하여 "유령이다" 하며 두려워서 비명을 질렀다. 그러자 [예수께서는] 즉시 그들에게 이야기하시며 "힘내시오, 나요. 두려워하지 마시오" 하셨다. 베드로가 예수께 대답하여 "주님, 주님이시거든 저더러 물 위를 걸어 주님께로 오라고 명령하십시오" 하고 여쭈었다. 예수께서 "오시오" 하시자 베드로는 배에서 내려 물 위를 걸어서 예수께로 갔는데 [거센] 바람을 만나자 그만 두려워졌다. 그래서 물에 빠지기 시작하자 비명을 지르며 "주님, 저를 구해주십시오" 하였다. 예수께서 즉시 손을 내밀어 그를 붙잡고 "믿음이 약한 사람, 왜 의심했습니까?" 하고 그에게 말씀하셨다.

(마태 14,24-31)

제목은 기억나지 않지만 어렸을 때 본 영화에서 이 성서 구절의 장면을 그리고 있었습니다. 깜깜한 호수 위에 떠 있는 배, 정말 유령처럼 물 위를 걸으시는 예수님, 머뭇거리다가 물 위에 발을 디뎌보지만 몇 걸음 못가 빠져버리는 베드로, 이런 장면들이 어렴풋이 기억납니다.

그때는 이 성서 구절의 내용을 그저 예수님의 신비한 기적 이야기 정도로만 생각했습니다. '물 위를 걸으시다니, 예수님은 정말 대단한 분이야.' 하지만 좀 더 커서 신앙에 대해 깊이 생각하게 되면서, 이 성서 구절의 초점은 '예수님, 물 위를 걸으시다'가 아니라 '베드로, 그는 왜 물 위를 걷지 못했는가?'라는 것을 알게 되었습니다.

예수님은 물 위를 걸으시고 베드로는 그렇지 못했던 차이는 바로 '확고한 신앙'의 유무라고 할 수 있습니다. 하느님에 대한 확고한 신앙을 지닌 예수님은 어떤 두려운 상황에서도 주저함 없이 무슨 일이든 할 수 있었습니다. 하지만 베드로는 아직 예수님 같은 확고한 신앙을 지니지 못했습니다. 예수님의 의연한 모습을 보고 순간적으로는 자신도 신앙의 마음을 드러내보지만, 거센 바람을 만나자 곧 두려운 마음으로 변하고 말았습니다.

베드로도 확고한 신앙에 대해 알고는 있었을 것입니다. 확고한 신앙을 지니면 그 어떤 상황에서도 흔들림 없을 수 있다는 것도 알고 있었을 것입니다. '저도 물 위를 걸어보겠습니다'라고 나섰을 때는 자신에게도 그러한 확고한 신앙이 있는

것으로 느꼈을 것입니다. 하지만 안타깝게도 아직까지 베드로
에게는 확고한 신앙이 완전히 자신의 것으로 내면화되지 못했
던 것 같습니다.

베드로의 모습을 보면서 우리는 확고한 신앙의 의미를 분
명하게 확인할 수 있습니다. 확고한 신앙이란 머리로만 알아
서 이루어지는 것은 아닙니다. 어느 한순간의 분위기에 휩싸
여 한껏 고조되었다가 상황이 바뀌면 가라앉아 식어버리는 것
도 아닙니다. 확고한 신앙은 굳이 의식하지 않고 신경 쓰지 않
아도 항상 자연스럽게 자신 안에 가득 차 있습니다. 내가 확고
한 신앙을 지니고 있다는 의식 없이 일상적으로 행하는 삶의
모습 전부에 자연스럽게 스며들어 있는 것이 확고한 신앙입니
다. 예수님처럼 말입니다.

이러한 확고한 신앙의 의미는 도가道家의 무위자연無爲自然
사상을 통해서 좀 더 깊이 있게 이해할 수 있습니다. 무위자연
이란 일단 글자 그대로 풀어보면 "행함이 없이 스스로 그러하
다"입니다. 그 의미를 좀 더 깊게 이해하기 위해 다시 '행함이
없다[무위無爲]'와 '스스로 그러하다[자연自然]'로 나누어 볼 수
있습니다.

먼저 '행함이 없다'는 말은 단순히 아무 일도 하지 말라는
뜻은 아닙니다. 인위적이고 의도적인 행위들을 하지 말라는

뜻입니다. 인간적인 기준에서, 인간적인 욕심에 의해 무엇인가를 바라고 이루려는 모든 의지와 행위들이 부질없음을 지적하는 것입니다. 왜 그 같은 일들이 부질없고 하지 말라는 것인지는 그다음 '스스로 그러하다'는 말이 지니는 의미와 연결시켜 생각하면 분명해집니다.

스스로 그러하도록 하는 것은 그저 모든 것을 자포자기 하여 될 대로 되라는 식으로 방치하는 것과는 전혀 다른 차원입니다. 여기에는 '스스로 그러함'이 바로 궁극적인 진리이고 가장 이상적인 상태라는 절대적인 '신앙'이 전제되어 있습니다. 이 세상은 본래 불변의 진리[도道]에 의해 올바르게 흘러가도록 되어 있기에 인간은 오직 그 진리의 흐름을 전적으로 믿고 의탁하기만 하면 됩니다.

그 진리의 흐름에 대한 온전한 '신앙'을 지니지 못하고 인간이 자신의 기준에서 무엇인가를 이루려는 것이 문제입니다. 이기적이고 자기중심적인 행위를 할 때 이 세상은 궁극적 진리의 흐름에서 어긋나는 문제 상황이 되는 것입니다.

결국 무위자연이란 이 세상 모든 것을 마땅한 흐름으로 이끌어가는 불변의 진리에 대한 절대적인 '신앙'을 바탕으로 합니다. 그 진리에 어긋나는 (그 진리에 거스르는) 일들을 하지 않는다는 것을 의미합니다. 궁극적인 진리에 따라 사는 것이 아니라,

인간 자신이 기준이 되고 자기중심적으로 판단하고 행동하는 것이 삶의 모든 모순과 문제 상황의 원인이라는 것입니다.

이처럼 진리의 흐름에 그대로 몸을 내맡길 수 있는 것이 확고한 신앙입니다. 궁극적 진리에 대한 확고한 신앙을 지니면 그 어떤 상황에서도 의혹과 두려움이 없을 수 있습니다. 깜깜한 바다 위의 일엽편주에 몸을 싣고 있다 해도 두려움 없이 편안히 잠을 잘 수 있을 것입니다. 아무리 거센 폭풍우가 휘몰아쳐도, 결국은 (진리의) 파도가 나를 목적지까지 이끌어갈 것이라는 확고한 신앙만 지니고 있다면 아무런 두려움 없이 작은 배의 흔들림에 몸을 맡길 수 있습니다.

이렇게 확고한 신앙을 지니는 것은 결국 자기 자신을 버리는 것을 의미합니다. 나 자신이 기준이 되는 것이 아니라, 궁극적 진리가 기준이 되기 위한 자기 비움입니다. 마태오복음(16,21-27)은 이러한 자기 비움을 통한 확고한 신앙을 잘 보여줍니다. 이 성서 구절에서 예수님은 베드로에게 호된 꾸지람을 하십니다. 베드로가 꾸지람을 받은 이유는 "하느님의 일을 생각하지 않고 사람의 일만을 생각"했기 때문입니다.

예수님은 궁극적인 진리인 하느님의 뜻에 절대적인 믿음을 두면서 인간적인 기준에서 볼 때 너무나 피하고 싶은 수난의 과정을 의연히 받아들이시려고 합니다. 그런데 단순히 인간적인 기준에만 사로잡혀 있던 베드로는 "결코 그런 일이 있어서는 안 됩니다"라고 엉뚱한 소리를 합니다. 그런 베드로와 제자들에게 예수님은 "자기를 버리라"는 가르침을 주십니다.

예수님이 가르쳐주시는 '자기 버림'은 자포자기식으로 자신을 내팽개치는 것을 뜻하지 않습니다. 책임회피의 마음으로 모든 것을 내맡겨버리는 것도 아닙니다. 삶의 기준을 궁극적이고 근원적인 '진리'로 옮기는 것을 의미합니다. 나 중심적인 사고에서 벗어나 궁극적 진리인 하느님 안으로 온전히 옮겨 들어가는 것입니다. 참으로 올바른 것, 본래 그러했고 또 마땅히 그리 되어야 할 바의 진리를 믿고 그 진리에 전적으로 의탁하는 것이 진정 자기 자신을 버리고 확고한 신앙을 지니는 것입니다. 바로 '무위자연의 신앙'입니다.

『모든 형제들』이 제시하는
세상과 인간 삶의 방향

"우리는 이 망토를 그 주인인 가난한 사람에게 돌려주어야 합니다.
이 망토는 우리보다 더 가난한 사람을 만날 때까지만 우리가 빌린 것입니다."

(토마스 데 첼리노, 1247, 성 프란치스코의 제2생활기 중에서)

〈가난한 자에게 자신의 망토를 주는 프란치스코〉, 조토(Giotto), 1297~99

프란치스코 교황은 2013년 11월 26일 발표한 첫 공식 문헌 『복음의 기쁨』에서 경제·사회·문화 등 삶의 모든 영역에 걸친 '오늘날 세상의 도전들'을 지적하고 있습니다. 이들 현대 세상의 문제는 하느님의 뜻에 어긋나는 상황이기에 이를 치유하는 것이 곧 '세상의 복음화'임을 강조하는 의도입니다. 그리고 2020년 10월 4일에 발표한 교황 회칙 『모든 형제들』에서는 현대 세상의 문제 치유 방안을 성서에 나오는 '착한 사마리아인'의 비유를 통해 제시하고 있습니다.

『복음의 기쁨』으로부터 『모든 형제들』에 이르기까지 프란치스코 교황이 지적하는 현대 세상의 문제는 사실 우리에게 생소하지 않습니다. 키워드로만 나열해보아도 어떤 문제들인지 짐작할 수 있습니다. 배척과 불평등의 경제, 세계화, 소비주의, 개인주의, 이기적 자기보호, 의사소통의 기본 구조 위기, 벽의 문화, 폐쇄적 정체성, 소외, 의심, 두려움, 회피, 자존감 파괴, 왜곡된 관점, 배제와 혐오…. 굳이 부연 설명이 필요 없습니다. 그만큼 우리가 이미 경험하고 있고 현실적으로 만연해 있는 문제들이라는 뜻입니다.

프란치스코 교황이 지적하는 문제들은 세상의 다양한 측면들을 망라하고 있지만, 그 모두는 하나의 공통된 문제의식으로 모아질 수 있습니다. 현대 세상의 문제들에서 공통된 특징을 발견할 수 있는 것입니다. 위에 키워드로 열거한 문제들은 세상의 다양한 영역에서 여러 형태로 벌어지고 있는 분열과 대립을 나타내고 있습니다. 경제적 이익, 사회적 계층, 문화적 다름, 정서적 감수성 등의 요소가 사람과 사람을 편 가르고 있습니다. 여러 문제들로 인해 세상은 파편화되고 있습니다. 세상을 점점 더 작고 예리한 파편들로 쪼개고 사람들을 파편화된 각자의 세상 안으로 분리시킨다는 점이 현대 세상 문제들의 공통된 특징입니다.

프란치스코 교황은 『모든 형제들』에서 파편화된 현대 세상을 치유하는 구체적 방안으로 '착한 사마리아인의 영성'을 제시합니다. 착한 사마리아인의 비유에는 강도, 강도 만난 사람, 사제, 레위인, 여관 주인, 사마리아인이 등장합니다. 이들은 각자의 선택을 합니다. 프란치스코 교황은 착한 사마리아인의 비유에 등장하는 인물 하나하나를 현대 세상의 상황 안에 위치시켜 성찰합니다.

'강도를 만난 사람'을 통해서는 세상의 파편화로 인해 위험에 처한 사람들을 돌아봅니다. '강도'와 '지나쳐간 사람들(사제, 레위인)'을 통해서는 세상을 파편화 하고 또 그 상황에 암묵적으로 동조하는 사람들의 문제를 성찰합니다. '여관 주인'을 통해서는 착한 사마리아인의 선행을 실현시키기 위한 협력자와 사회적 인프라를 강조합니다.

파편화된 현대 세상을 치유하기 위해서는 무엇보다 '착한 사마리아인'과 같은 선택이 필요합니다. 파편화된 세상의 문제점과 그로 인해 위험에 내몰린 사람들을 외면하지 않는 관심, 그리고 자비의 실천이 절실합니다. 프란치스코 교황은 착한 사마리아인의 관심과 자비 실천이 하느님의 뜻이고 인간으로 갖추어야 할 마땅함임을 강조합니다. 그것은 바로 '모두와의 연대'입니다. 인간은 결코 혼자만의 존재일 수 없다. 한 형제로서 모두와 연대 안에서 인간은 온전한 존재일 수 있습니다. 하나로 유대紐帶된 세상이 하느님의 창조 질서입니다.

　『모든 형제들』에 나오는 다음과 같이 핵심 개념들을 정리해보았습니다. 이를 통해 『모든 형제들』이 제시하는 현대 세상 문제의 원인과 현상, 그리고 문제 해결을 위한 실천 가치를 파악할 수 있습니다.

1. 현대 세상 문제의 원인이 되는 부정적 인식

경쟁

• 상대를 쓰러트리는 것이 승리인 이해관계의 충돌

의심과 두려움

• 의심은 우리를 편협하고 폐쇄적이며 차별주의자로 만듦
• 두려움은 다른 사람을 만날 수 있는 관심과 능력을 박탈

소외감

• 아무에게도 속하지 않는다고 느끼는 것보다 더 나쁜 형태의
  소외는 없음

회피

• 그들의 잘못으로 다른 사람이 죽을 수 있다는 사실은 그에겐
  중요하지 않음
• 자신의 필요에 사로잡혀 있으면 고통 받는 사람의 모습을 귀
  찮다고 생각함
• 다른 사람들의 문제에 허비할 시간이 없기 때문에 그런 이들
  의 존재가 우리를 불안하게 만듦

- 번영은 추구하지만 타인의 고통에 등을 돌리는 불건강한 사회

그릇된 보편주의

- 이는 결국 세상의 다양한 색깔, 아름다움, 그리고 궁극적으로 인간성을 박탈
- 모두가 같아질 필요 없이 조화와 평화 속에서 공존하는 방법을 배울 필요 절실

폐쇄적 정체성

- 이곳에서는 이웃으로 행동할 가능성조차 차단
- 자신이 추구하는 목적에 맞는 사람들만 이웃
- 특정 관심사를 추구하는 파트너인 '동료들'만 존재

왜곡된 관점

- 모든 사람이 기회를 가져야 한다는 데 동의하지만, 모든 일이 자기 할 바라고 주장
- 느린 사람, 약한 사람, 재능이 적은 사람이 기회를 찾도록 돕는 데 무관심

2. 나타나는 부정적 현상

주변부

- 주변부는 도시 한복판이나 우리 집 안에도 있을 수 있음
- (지리적) 공간이 아니라 실존적 사랑 안에서 널리 자신을 개방할 수 있어야 함

세계화

- 이웃이 되긴 해도 형제는 되고 있지 않음
- 개인의 이익은 늘리고 삶의 공동체적 차원은 약화시키는 표준화된 세상

벽의 문화

- 자기 보존을 위해 새로운 방어벽을 세움
- 외부 세계는 더 이상 존재하지 않고 '나만의' 세상만 남음
- 사람들이 존엄성을 가진 인간으로 간주 되지 않고 '그것'이 돼버림
- 마음의 벽을 높이고, 다른 문화, 다른 사람들과의 만남을 막기 위해 벽을 높이 쌓는 사람들은 그들이 지은 성벽 안에서 노예가 될 것임

소비주의와 자기보호

- 이 코로나19 팬데믹이 지나면 열광적 소비주의와 새로운 형태의 이기주의적 자기 보호에 더 깊이 빠질 것

원을 만들어 격리

- 우리는 세상을 공유하고 싶은 사람만을 선택
- 불쾌하거나 동의하지 않는 사람은 오늘날의 가상 네트워크에서 간단히 삭제
- 가상의 원圓을 만들어 우리가 살고 있는 현실 세계에서 우리를 격리

의사소통의 기본구조가 위험에 처함

- 침묵과 주의 깊은 경청이 사라짐
- 문자 메시지의 광란으로 대체
- 우리가 원하는 것만 창조
- 피상적으로 통제하거나 알 수 없는 것을 배제하는 새로운 삶의 방식 등장

자존감 파괴하기

- 자존감을 파괴하는 것은 다른 사람들을 지배하는 쉬운 방법
- 세계를 균일화하려는 추세 뒤에는 낮은 자존감을 이용하여 혜택을 얻는 권력 이익 등장
- 미디어와 네트워크를 통해 가장 강한 사람들을 위한 새로운 문화 창출

3. 실천 가치

창의적 개방성

- 사람은 타인에게 창의적 개방성을 개발할 수 있을 때 열매를 맺고 생산적이 됨

경청하기

- 자기애를 극복하고 다른 사람을 환영하고 그에게 관심을 기울임
- 자신의 원圈 안에 다른 사람을 위한 공간을 만드는 환대의 태도

인내

• 함께하는 대화, 여유로운 대화 또는 열정적 토론에서 진리를 찾을 수 있음
• 그렇게 하려면 인내 필요
• 침묵과 고통의 순간이 수반되지만 사람들의 광범위한 경험을 참을성 있게 받아들일 수 있음

이웃

• 하느님의 행동 방식을 본받으려는 열망 덕에 나에게 가장 가까운 사람들만 생각하는 경향이 점진적으로 넓게 생각하는 방향으로 바뀜
• "네 이웃을 너 자신처럼 사랑하라."(레위 19,18 참조)
• "네가 싫어하는 일은 아무에게도 하지 마라."(토빗 4,15)
• "인간의 자비는 제 이웃에게 미치지만 주님의 자비는 모든 생명체에 미친다."(집회 18,13)

형제애

• "자기 형제를 사랑하는 사람은 빛 속에 머무르고, 그에게는 걸림돌이 없습니다. 그러나 자기 형제를 미워하는 자는 어둠 속에 있습니다. 그는 어둠 속에서 살아가면서 자기가 어디로

가는지 모릅니다."(1요한 2,10-11)

- "우리는 형제들을 사랑하기 때문에 우리가 이미 죽음에서
생명으로 건너갔다는 것을 압니다. 사랑하지 않는 자는 죽음
안에 그대로 머물러 있습니다."(1요한 3,14)

자비로운 사람

- 하늘에 계신 아버지께서 "악인에게나 선인에게나 당신의 해
가 떠오르게 하시기"(마태 5,45) 때문에 이 명령의 범위는 보
편적

- "너희 아버지께서 자비하신 것처럼 너희도 자비로운 사람이
되어라."(루카 6,36)

서로와 모든 사람을 위해

- 초기 그리스도교 공동체가 폐쇄적이고 고립된 집단을 형성
하고 싶은 유혹을 확인한 바오로 성인은 제자들에게 "서로와
모든 사람을 위해"(1테살 3,12 참조) 사랑에 충만하라고 촉구

- 착한 사마리아인의 비유의 중요성, 사랑은 도움이 필요한 형
제나 자매의 출신을 문제 삼지 않음. 사랑은 우리를 고립시키
고 분리시키는 사슬을 끊어버리고, 이어주는 다리역할을 함

타인의 어려움에 민감하고 열린 마음

- "기뻐하는 이들과 함께 기뻐하고 우는 이들과 함께 우십시오."(로마12,15)
- 우리의 마음이 이렇게 할 때, 그들은 그들이 어디에서 태어났는지, 어디에서 왔는지 걱정하지 않고 다른 사람들과 동일시 할 수 있음
- 이 과정에서 우리는 타자를 '자신의 혈육'(이사 58,7 참조)으로 경험

시민사회와 교회 공동체에 적극 참여

- 이 일은 힘들고 심지어 피곤하기까지 한 과정
- 각 개인을 고유하고 누구도 대신할 수 없는 사람으로 인정할 수 있는 양심 형성

선익을 추구하고 모색하는 것

- '아가토쉬네agatosyne', 선善을 지지하고 추구하는 것
- 탁월해지기 위해 노력하는 것, 다른 사람들에게 가장 좋은 것이 무엇인지, 그들이 성숙하고 건강하게 성장하게 하는 것들을 함양하는 것. 단지 물질적 복지만 가리키지 않음
- 이와 유사한 뜻을 가진 베네볼렌치아benevolentia, 다른 사람

들의 선善을 바라는 태도, 선에 대한 열망, 좋고 훌륭한 모든 것에 대한 끌림, 아름답고 숭고하고 교화적인 것으로 다른 사람들의 삶을 채워주려는 갈망

진정하고 통합적인 성장을 향해 함께 나아가야 함

- 모든 사회는 가치를 전달하는 방법을 보장해야 함
- 그렇지 않으면 이기심, 폭력, 다양한 형태의 부패, 무관심만 전달. 궁극적으로 초월에 닫혀 있고 개인의 이익에만 매달려 사는 삶일 뿐

지은이

오지섭

서강대 대학원에서 박사학위(종교학)를 받았으며, 현재 서강
대 종교학과 대우교수와 한국가톨릭문화연구원 연구이사로
있다. 지은 책으로 『팬데믹과 한국 가톨릭교회』(공저), 『고통
의 시대, 자비를 생각한다-자비에 관한 통합적 성찰』(공저),
『함께 비를 맞으며 걸어갈 수 있을까-고통을 넘어 힐링으로』
(공저), 『예수님의 길에서 만나는 이웃종교』 등이 있다.

박재신

서강대 영문과를 졸업하고 같은 대학 교육대학원에서 석사
학위(교육학)를 받았으며, 가톨릭대 대학원 박사과정(가톨릭
교육 전공)에 재학 중이다. 현재는 인성문화연구소(인문학 평
생교육 프로그램) 소장, TST 프로그램(학습 및 업무 성향 진
단 프로그램) 개발자, 천주교 한마음한몸운동본부 자살예방
센터 교재 및 프로그램 개발 연구원으로 일하고 있다.